中华传统文化经典

普及文库

中华传统文化经典普及文库

人物志·孝经

【三国】刘　劭　等著

中国工人出版社

出版说明

中华传统文化经典是我国的宝贵文化遗产，在2000多年文化流传的历史长河中，在华夏文明世代传承的历史上，闪烁着耀眼的光辉，启迪了一代又一代华夏子孙的智慧。

习近平总书记指出：“2000多年前，中国就出现了诸子百家的盛况，老子、孔子、墨子等思想家上究天文、下穷地理，广泛探讨人与人、人与社会、人与自然关系的真谛，提出了博大精深的思想体系。他们提出的很多理念，如孝悌忠信、礼义廉耻、仁者爱人、与人为善、天人合一、道法自然、自强不息等，至今仍然深深影响着中国人的生活。”“中国传统文化博大精深，学习和掌握其中的各种思想精华，对树立正确的世界观、人生观、价值观很有益处。学史可以看成败、鉴得失、知兴替；学诗可以情飞扬、志高昂、人灵秀；学伦理可以知廉耻、懂荣辱、辨是非。”阅读中华传统文化经典对于我们继承优秀传统文化、理解古代先贤智慧具有重要意义。

我社以弘扬传统文化、传承中华文明为宗旨，组织出版了这套中华传统文化经典普及文库。我们从传统文化经典中精选了30种，作为第一批隆重推出，并精心设计，权威译注，以期达到深入浅出、今古相合、适宜广大读者阅读的效果。

本套文库有八个特点：

一、选目精当。入选这套文库的都是我国优秀传统文化中的精品，历经时间的积淀和考验。如被誉为“史家之绝唱，无韵之《离骚》”的《史记》，旨在培养优良家风、有“古今家训，以此为祖”之称的《颜氏家训》，等等。

二、注重实用。这套文库收录的经典图书，参照了教育部颁发的作为基础教育课程改革核心内容的《全日制义务教育语文课程标准》和《普通高中语文课程标准》推荐阅读书目，并强化了全民阅读需求。

三、版本权威。这套文库所有收录图书，均依据权威版本进行了仔细校勘和认真编订，确保原文准确。同时，在校勘过程中，还对原编著者的笔误、录入错误予以订正。

四、节选适宜。这套文库定位于普及读本，对于《史记》《战国策》《资治通鉴》《阅微草堂笔记》等卷帙浩繁的古籍，我们特邀专家团队作了精当节选，辑录了最精彩、最具代表性、最为历代读者传诵的篇章，努力通过有限的篇幅传达不朽经典的精髓。

五、注释精准。在这套文库的编辑过程中，我们注意精选古文中读者容易产生阅读障碍的文字进行了认真注释，并全部由权威学者进行审定，保证了学术严谨性和文字准确性，从而力求为读者排除阅读障碍，降低阅读难度。

六、译文畅达。这套文库还邀请了长期从事汉语教学、具有丰富一线经验的专家，按照"信、达、雅"的标准，对译文进行了认真梳理，确保意思准确，行文畅达，文字优美，力求使读者在享受阅读的同时，感受到汉语之美。

七、阅读方便。传统文化典籍中有大量古代的人名、地名等专有名词，在这套文库的译注过程中，我们还特意穿插了许多对文化典故、文化常识的解读，如古代制度、职官、服饰、器具、习俗等，力求帮助广大读者在欣赏传统文化经典的同时，增加古典常识，提升文化修养。

八、插图精美。我们专门为这套文库选配了精美插图，以增加阅读之雅趣，提高本文库品位。这套文库插图笔法精细、图像生动、印制精美，较好地再现了书中描绘的各种历史文化信息。

因此，这套中华传统文化经典普及文库是弘扬文化、传播经典的优秀读本，希望能对全民阅读起到积极的推进作用。我们在编辑过程中虽然进行了反复审读、校订，但限于水平，仍难免有疏漏之处，敬请读者多提宝贵意见，以便再版时及时更正。

编　者

丙申年夏

目录

人物志

孝　经

人物志

序

【原文】

夫圣贤之所美[①]，莫美乎聪明[②]；聪明之所贵[③]，莫贵乎知人。知人诚[④]智，则众材得其序[⑤]，而庶绩[⑥]之业兴矣。

【注释】

①夫：指示代词。美：认为……是好的。

②聪明：明察事理。《荀子·王霸》中："聪明君子者，善服人者也。"

③贵：价值高，分量重，值得珍惜与重视。《孟子·尽心下》："民为贵，社稷次之，君为轻。"

④诚：又如。

⑤材：同"才"，指人才，才能，能力。序：排列次第；序次；序列。

⑥庶绩：各种事业。《旧唐书·薛登传》："故尧资八元而庶绩其理，周任十乱而天下和平。"

【译文】

圣人贤者认为人的资质中，没有比明察事理更好的存在了；在明察事理的资质中，没有比能够辨识人才更重要的。如果能够用智慧来辨识人才，那么众多的人才就能够排列出上下高低的次序，各种事业就自然会兴旺了。

【原文】

是以圣人著爻象[①]则立君子小人之辞，叙《诗》志则别风俗雅正之业[②]，制礼乐则考六艺祗庸之德[③]，躬南面则援俊逸辅相之材[④]，皆所以达众善而成天功也[⑤]。天功既成，则并受名誉[⑥]。是以尧以克明俊德为称[⑦]，舜以登庸二八为功[⑧]，汤以拔有莘之贤为名[⑨]，文以举渭滨之叟为贵[⑩]。

【注释】

①爻象：代词，指《周易》。

②《诗》：即《诗经》，是我国有记载的最早的一部诗歌总集。志：诗中所抒发的意志和感情。风俗雅正：指《诗经》中所含的风、雅、颂三种不同风格的诗。风即当时各国的民歌，雅即周王朝的乐曲《大雅》《小雅》，颂即商周时代宗庙祭祀的乐歌。

③礼乐：礼乐是中国古代文明的重要组成部分。由西周周公旦制礼作乐，推广为道德伦理上的礼乐教化，用以维护社会秩序上的人伦和谐。礼乐文明在数千年的中华文明发展史上产生了重大而深远的影响。考：检查，查核。六艺：一指古代儒家教育的六个内容，即礼、乐、射、御、书、数。二指儒家的六种典籍，即《诗经》《尚书》《礼经》《乐经》《易经》《春秋》。《汉书·艺文志》：六艺之文，“《乐》以和神，仁之表也；《诗》以正言，义之用也；《礼》以明体，明者著见，故无训也；《书》以广听，知之术也；《春秋》以断事，信之符也。五者，盖五常之道，相须而备，而《易》为之原”。祗庸：敬而有常。《周礼·春官·大司乐》：“以乐德教国子，中和祗庸孝友。”

④南面：指帝王之位。古代帝王理政皆坐北朝南。援：抬举，提拔。俊逸：才质出众；优秀；超群脱俗。晋·葛洪《抱朴子·穷达》：“俊逸絷滞，其有憾乎？”辅相：首辅，宰相。《史记·孔子世家》：“王之辅相有如颜回者乎？”

⑤达：到；实现。《礼记·儒行》：“推贤而进达之。”众善：各种善举。天功：帝王的功业。

⑥并：合，一起。名誉：名望与声誉。

⑦尧：中国上古时期部落联盟首领，帝喾之子，祁姓，名放勋。原

封于唐，故称陶唐氏，“五帝”之一。在位期间设官分职，制定历法，并派人治理洪水。晚年禅位于舜。尧从父亲帝喾那里继承帝位，并开创了“禅让制”的先河。克：能够。明：认识，辨识。俊德：才能超群、品德高尚的人。

⑧舜：古代汉族神话传说中父系氏族社会后期部落联盟领袖。尧的接班人。姚姓，名重华，号有虞氏，又称虞舜。在位期间巡行四方，诛除“四凶”，任禹、后稷、契、皋陶等人分掌政事。年老后举荐治水有功的禹为接班人。登庸：任用。二八：八元、八恺的合称。晋·左思《魏都赋》：“相兼二八，将猛四七。”《左传·文公十八年》记载，高阳氏时有八个才德兼备的人，即苍舒、隤凯、祷戭、大临、龙降、庭坚、仲容、叔达，此八人即为八恺。高辛氏时有八个才德兼备的人，即伯奋、仲堪、叔献、季仲、伯虎、仲熊、叔豹、季狸。舜曾举用“八恺”管理土地、执掌农业、处理各种事务，任用“八元”负责掌管礼义教化。功：本领，能耐，功劳，成就。

⑨汤：子姓，名履，庙号太祖，河南商丘人。商人部落首领，商朝的开国君主。今人多称商汤，又称武汤、殷汤，甲骨文称唐、大乙，又称高祖乙。定居于亳，用伊尹、仲虺为辅佐，接连攻灭韦、顾、昆吾等夏朝属国，又在鸣条打败夏桀，推翻夏朝，建立商朝。商朝成为中国继夏王朝之后，第二个奴隶制王朝。有莘之贤：即伊尹。伊尹为中国商朝初年著名丞相、政治家，是中华厨祖，中原菜系创始人，尹是右相之意。成汤娶有莘氏之女，伊尹当时在有莘国为奴，作为陪嫁之臣进入商国，后被成汤发现并重用，为灭夏建商出谋划策，建立大功。有莘：亦作“有侁”，为古国名，在今山东曹县西北。名：有声誉的，大家都知道的。

⑩文：即周文王，姬姓，名昌，王季之子，武王之父，又称周侯、西伯、姬伯。原为商朝诸侯，被封西伯。在位敬老爱幼，礼贤下士。曾被商纣王囚禁于羑里，归周后得到诸侯拥护，伐犬戎、密须，灭崇国、黎国，使周强大起来，形成“三分天下有其二，以服事殷”的局面。渭滨：指渭水之滨。渭水指古称渭水，是黄河的最大支流。叟：即吕望，

又称太公望、吕尚、师尚父。俗称姜太公、姜子牙。姜姓，吕氏，名尚，字子牙，周文王遇之于渭水之阳，说："吾太公望子久矣。"姜子牙是齐国的缔造者，周文王倾商，武王克纣的首席谋主、最高军事统帅与西周的开国元勋，齐文化的创始人，亦是中国古代的一位影响久远的杰出的韬略家、军事家与政治家。历代典籍都公认他的历史地位，儒、法、兵、纵横诸家皆追他为本家人物，被尊为"百家宗师"。

【译文】

所以圣贤为《周易》做注解的时候，文字中有针对君子与小人的不同，便编订下辨别君子与小人之言辞；在修订《诗经》的时候，就阐发《诗经》之情志已经对风、雅、颂不同风格的诗篇作了分别；在制定礼乐制度的时候，就通过礼、乐、射、御、书、数六方面来考察人的恭敬守常的品德；身为君王，便须选用杰出而清逸之辅佐人才。此皆为用来使各位贤德之材得以畅达而且完成帝王之业。帝王之功业完成之后，便能同受应得之名与恰当之荣誉。所以唐尧因能够辨识才能出群品德高尚的人而著称于世，虞舜因任用八恺八元而流芳千古，商汤因为提拔任用伊尹而声名远播，周文王因为举用吕望而被后人尊崇。

【原文】

由此论之，圣人兴德①，孰不劳聪明于求人②，获安逸于任使者哉！是故仲尼不试③，无所援升④，犹序门人以为四科⑤，泛论众材以辨三等⑥。又叹中庸⑦，以殊圣人之德，尚德以劝庶几⑧之论，训六蔽以戒⑨偏材之失，思狂狷以通拘抗之材⑩，疾悾悾而无信⑪，以明为似之难保⑫。又曰"察其所安，观其所由"，以知居止之行。⑬

【注释】

①圣人：在中国传统文化中，"圣人"指知行完备、至善之人，是有限世界中的无限存在。兴德：振兴道德，发扬圣德。兴，成就。德，古代特指天地化育万物的功能。《周易·乾》："夫大人者，与天地合其德，

与日月合其明。”

②孰：代词，谁、哪个人或哪些人。求人：罗致人才。

③安逸：安稳，平安无事。仲尼：即孔子，名丘，字仲尼。祖籍宋国夏邑，出生于鲁国陬邑。东周春秋末期著名的思想家、教育家、政治家。孔子开创了私人讲学的风气，是儒家学派的创始人。孔子在古代被尊奉为“天纵之圣”“天之木铎”，是当时社会上的最博学者之一，被后世统治者尊为孔圣人、至圣、至圣先师、万世师表、文宣皇帝、文宣王。其儒家思想对中国和世界都有深远的影响，孔子被列为“世界十大文化名人”之首。不试：不被任用。孔子曾周游列国，希望被国君任用，以实现自己的政治主张，但始终没能如愿。

④援升：提拔任用。

⑤门人：指孔子的学生。四科：指孔子门徒的四种科目，即德行、言语、政事、文学。

⑥泛论：一般的论述。三等：孔子曾把众人分为三个等级：“生而知之者，上也；学而知之者，次也；困而学之，又其次也。”（见《论语·季氏》）。

⑦中庸：儒家的道德标准，中庸重点在中、庸二字，中位于中间，不离两边，不走极端。孔子提出的政治、哲学主张，即待人、处事不偏不倚，无过无不及，守常不变。《中庸》是儒家经典的“四书”之一。《论语·雍也》：“中庸之为德也，其至矣乎。”北齐·颜之推《颜氏家训·教子》：“上智不教而成，下愚虽教无益；中庸之人，不教不知也。”

⑧尚：崇尚，推崇。庶几：差不多，近似。《周易·系辞下》：“颜氏之子，其殆庶几乎？”意为颜渊这个子弟，差不多是个贤人了吧！

⑨训：告诫。六蔽：因不好学而造成的人的品德上的六种偏弊。《论语·阳货篇》：子曰：“由也！女闻六言六蔽矣乎？”对曰：“未也。”“居，吾语女。好仁不好学，其蔽也愚；好知不好学，其蔽也荡；好信不好学，其蔽也贼；好直不好学，其蔽也绞；好勇不好学，其蔽也乱；好刚不好学，其蔽也狂。”［孔子说：“仲由啊！你听说过六种品德和六种弊

病吗？”子路（仲由·字子路）回答说：“没有。”孔子说：“坐下来！我告诉你。爱好仁德却不学礼度，它的弊病是会变得愚蠢；爱好聪明才智却不学礼度，它的弊病是放荡不羁；爱好讲诚信却不学礼度，它的弊病是容易被人利用，害己害人；爱好直率却不学礼度，它的弊病是说话尖刻刺人；爱好勇敢却不学礼度，它的弊病是捣乱闯祸；爱好刚强却不学礼度，它的弊病是胆大妄为。”］戒：警戒，戒备。

⑩狂狷：指志向高远、富于进取的人与洁身自守、拘谨无为的人。《论语·子路》：“子曰：‘不得中行而与之，必也狂狷乎！狂者进取，狷者有所不为也。’”何晏《集解》引包成曰：“中行，行能得其中者，言不得中行则欲得狂狷者。狂者，进取于善道。狷者，守节无为。欲得此二人者，以时多进退，取其恒一。”拘抗之材：拘谨和奋发的人才，与狂狷同义。

⑪疾：痛恨，厌恶。悾悾：貌似诚恳。邢昺疏：“悾悾，悫也。谨悫之人宜信而乃不信。”信：真心诚意，诚实，不欺骗。信者，诚也。专一不移也。（《白虎通·情性》）

⑫为：通“伪”。难保：不能保证；保不住。

⑬察其所安，观其所由：《论语·为政》：“子曰：‘视其所以，观其所由，察其所安。’”意思是考察他所交结的朋友，观察他的行为，了解他的内心。居止之行：犹言起居行动。晋·向秀《思旧赋序》：“余与嵇康、吕安，居止接近。”

【译文】

根据这些史实可以说，圣人成就化育万物的德政，有哪个不是运用自己的聪明去寻求、发现人才，并且任用他们从而使自己获得安逸呢？所以孔子不能实现自己的政治理想，不被各诸侯国君提拔任用，但他仍旧用德行、言语、政事、文学四科来给自己的学生分类，用生而知之、学而知之和困而知之三等来广泛地评论天下众人。又赞叹不偏不倚守、常不变的中庸原则，来突出圣人的品德，用对颜渊的褒赞来鼓励人们崇尚道德，用六弊的训诫来使人们避免才能畸形发展所带来的弊病，希望得到志向高远、富于进取的人和洁身自守、拘谨不做坏事的人，以使他们的才能得以发挥，痛恨那些貌似诚恳却不守信用的人和行为，以此向世人说明伪装是难以持久的。孔子又说认识一个人要观察他的行为，了解他的内心，就知道他真实的举止行动了。

【原文】

人物之察也，如此其详[①]。是以敢依圣训，志序人物[②]，庶以补缀[③]遗忘，惟博识君子裁览[④]其义焉。

【注释】

①察：观察，发现。详：审慎。

②依：按照，根据。志：记录。

③庶：希望。补缀：指缝补连缀，泛指修补。《礼记·内则》："衣裳绽裂，纫箴请补缀。"

④惟：愿，希望。君子：古代指地位高的人，后来指人格高尚、道德品行兼好之人。《尚书·虞书·大禹谟》："君子在野，小人在位。"裁览：裁断辨明。

【译文】

对人才的考察，应当这样审慎。所以我斗胆依照圣人的准则，记述辨识人才、使用人才的理论和方法，希望以此来补缀前贤在这方面的疏漏和遗缺，愿博学高识、人格高尚、道德品行兼好之人裁决浏览其中的意思。

卷上

九征第一

【原文】

盖人物之本[①]，出乎情性[②]。情性之理[③]，甚微而玄，非圣人之察，其孰能究之哉[④]！凡有血气[⑤]者，莫不含元一以为质[⑥]。禀阴阳以立性[⑦]，体五行而著形[⑧]。苟[⑨]有形质，犹可即而求之。

【注释】

①本：人内在的最根本的思想和行为。刘昺在注释“人物之本，出乎情性”时说：“性质禀之自然，情变由于染习”，所说的“自然”即人天生的最根本的资质。

②情性：本性。《荀子·性恶》：“故顺情性则不辞让矣，辞让则悖於情性矣。”

③理：事物的规律，是非得失的标准。《吕氏春秋·劝学》：“圣人之所在，则天下理焉”。

④玄：变化，而且是有规律的无穷变化。究：钻研；深入探求。《尔雅》：“究，谋也。”

⑤血气：代词，是中医用来说明人体能量的名词，生命的代称。

⑥元一：指万物唯一的本源，《汉书·律历志》：“三统（天、地、人）合为一元，故因元一而九三之以为法。”元，指根本，根源。质：素质；本质；禀性。

⑦禀：承受。阴阳：是中国古代汉族圣贤创立的哲学范畴，即万物

中皆存在的对立统一、相辅相成的物质。此处专指人所具有的阴阳二气。《道德经》曰："万物负阴而抱阳，冲气以为和。"立：建树；设立。

⑧体：依据，效法。五行：五行学说是中国文化重要组成部分。五行指：木、火、土、金、水。认为宇宙自然是由五种要素相生相克衍生变化所构成，随着这五个要素的盛衰，而使得宇宙与大自然产生变化，不但影响人的命运，同时也使宇宙万物循环不已。著形：塑造外形体貌。

⑨苟：如果；假使。

【译文】

人内在的最根本的资质，是通过他的思想和性情表现出来的。关于思想和性情的道理，是非常微妙和玄远的，如果不是古代圣贤的考察和研究，谁又能够把它们弄明白呢！凡是有生命的物体，没有不包含最根本最初始状态的性质的，他们秉承着阴阳形成个性，依据五行而成就形体。如果是有形体的生命物体，那么就可以根据形体去探求他们的本质。

【原文】

凡人之质量[①]，中和最贵矣。中和[②]之质，必平淡无味，故能调成五材[③]，变化应节[④]。是故观人察质，必先察其平淡，而后求其聪明。聪明者阴阳之精，阴阳清和则中睿外明[⑤]，圣人淳耀[⑥]，能兼二美。知微知章[⑦]。自非圣人莫能两遂[⑧]。故明白[⑨]之士，达动之机而暗于玄虑[⑩]，玄虑之人，识静之原而困于速捷。犹火日外照不能内见，金水内映不能外光。二者之义，盖阴阳之别也。

【注释】

①凡人：平常人；一般人。质量：资质，器量。三国·魏刘劭《人物志·九徵》："凡人之质量，中和最贵矣。中和之质，必平淡无味。"

②中和：中庸之道的主要内涵。本指中正、平和。以后引申为符合中庸之道的道德修养境界的一种原则。中和是以中国儒家哲学为灵魂的

审美形态，儒家认为人们的道德修养能达到致中的境界，那么天地万物均能各得其所，达到和谐的境界了。

③故：所以。五材：古文言词语，有两种意思，一指金、木、水、火、土五种物质，二指勇、智、仁、信、忠五种德行。

④应节：应和节拍。《列子·汤问》："巧夫，顉其颐，则歌合律；捧其手，则舞应节，千变万化，惟意所适。"

⑤阴阳清和：指人的灵魂和肉体统一，内心身体完美结合。中睿外明：内心聪慧，外表敏锐。睿，聪明。明，敏锐。

⑥淳耀：光明；光耀。

⑦章：明显，显著。

⑧遂：称心，如意，成功。《史记·司马相如列传》王吉曰："长卿久宦游不遂，而来过我。"

⑨明白：聪明；懂道理。

⑩暗：看不见。玄虑：深虑。

【译文】

人的资质和能力中，中和是最珍贵的，中和就是各种情绪的表现与外界环境和谐一致。中和这种素质，必然是平淡无味的，因其平淡无味所以能够调谐出仁、智、忠、信、勇五种品德，并不断变化以适应社会各种需要。所以要想考察一个人的素质，必然先要考察他是否有平淡的素质，然后才寻求他的聪明。聪明是人的阴阳二气结合的精华，阴阳清纯和谐就会使人内心聪慧外表敏锐，圣人之所以能够光彩耀人，是因为他同时具有聪慧、敏锐两种美德。既能明察细微又能洞悉宏观，除了圣人再也没有人能同时做到这两点。所以反应机敏的人，能够抓住行动的机会却不能做到深思熟虑，深思熟虑的人能够静思事物的源头却不善于快速敏捷地行动。就好像天火和太阳的光芒能照耀外物但不能映出自身的形象，金属制成的镜子和水面能映出外物的形象但不能对外放出光芒。两种东西之所以不同，就在于有阴阳的区别。

【原文】

若量[1]其材质，稽[2]诸五物[3]，五物之征亦各著于厥体矣。其在体也，木骨、金筋、火气、土肌、水血五物之象[4]也。五物之实，各有所济[5]。是故骨植而柔者谓之弘毅[6]，弘毅也者，仁之质也。气清而朗者谓之文理[7]，文理也者，礼之本也。体端而实者谓之贞固[8]，贞固也者，信之基也。筋劲而精者谓之勇敢[9]，勇敢也者，义之决[10]也。色平而畅者谓之通微[11]，通微也者，智之原也。五质恒性，故谓之五常矣[12]。

【注释】

①量：衡量，评价。

②稽：考察，考核。

③五物：指金、木、水、火、土五种物质。

④象：形状，样子。

⑤济：成就。《书·君陈》：“必以忍，其乃有济。”

⑥植：直。者：……的人。弘毅：宽宏坚毅；刚强，勇毅。谓抱负远大，意志坚强。《论语·泰伯》：“士不可以不弘毅，任重而道远。仁以为己任，不亦重乎？死而后已，不亦远乎？”

⑦文理：礼仪。汉·桓宽《盐铁论·论功》：“匈奴，无城廓之守……上无义法，下无文理，君臣嫚易，上下无礼。”

⑧贞固：守持正道，坚定不移。《易·乾》：“文言曰：‘贞者，事之干也……贞固足以干事。’”

⑨勇敢：有勇气，有胆量。《史记·刺客列传》：“至齐，齐人或言聂政勇敢士也，避仇隐於屠者之闲。”勇敢就是无所畏惧，勇担责任，充满魄力，果敢行动，临危不惧，大义凛然。

⑩决：标准。

⑪通微：通晓、洞察细微的事物。

⑫恒：永久，永恒。《易·序卦传》：“恒者，久也。”常：长久，经久不变，恒量。

【译文】

如果要衡量人的才能和资质，可以用金、木、水、火、土五种物质对照进行考察分析，那么五种物质的特征也就明显地表现在他的身上了。对人体来说，骨骼是与外界木相对应的物象，筋腱是与金相对应的物象，气息是与火相对应的物象，肌肉是与土相对应的物象，血脉是与水相对应的物象。五种物质所对应的实际物象，各自有其成就人的品质的作用，所以骨骼挺拔又柔韧的可以称为有远大抱负、意志坚强的人，抱负远大、意志坚强，这是“仁”的资质。气息清纯而又明朗的可以称为礼仪之人，礼仪，这是“礼”的根本。形体端正而又坚实的可以称为守持正道、坚定不移的人，守持正道、坚定不移，这是“信”的根基。筋腱强劲而精干的可以称为勇敢之人，勇敢，这是果断地行“义”的前提。血色平和而又通畅的可以称为通晓事物、洞察细微之人，通晓事物、洞察细微，这是“智”的本源。外界的和人体的五种物质都具有恒常不变的特性，所以称它们为五常。

【原文】

五常之别，列为五德[①]，是故温直而扰毅[②]，木之德也。刚塞[③]而弘毅，金之德也。愿恭而理敬[④]，水之德也。宽栗而柔立[⑤]，土之德也。简畅而明砭[⑥]，火之德也。虽体变无穷，犹依乎五质。

【注释】

①五德：典故名，古代五德义项颇多。包括阴阳、人的品德、物的特征等。文中指下文所述的五种品德。

②温直：温和而正直。扰毅：和顺坚毅。

③刚塞：刚健笃实。

④愿恭：忠厚诚实、恭敬庄重。理敬：有治理才能而又谨慎恭敬。

⑤宽栗：宽宏大量而又小心谨慎。柔立：温柔而有办事能力。

⑥简畅：爽快刚直，简约流畅。廉隅，棱角。明砭：明于事理又善

于劝谏。

【译文】

根据五常的区别，可以分列出五种品德。所以温和而正直，是“木”的品德。刚健笃实而宽宏坚毅，是“金”的品德。忠厚诚实、恭敬庄重而有治理才能且谨慎恭敬，是“水”的品德。宽宏大量、小心谨慎而又温柔有办事能力，是“土”的品德。爽快刚直、简约流畅而又明于事理善于劝谏，是“火”的品德。虽然人的品德和性情变化无穷，但其变化仍以五物的品质为依据。

【原文】

故其刚柔明畅贞固之征著乎形容[①]，见乎声色[②]，发乎情味，各如其象。故心质亮[③]直，其仪劲固；心质休决[④]，其仪劲猛；心质平理[⑤]，其仪安闲。夫仪动成容[⑥]，各有态度：直容[⑦]之动，矫矫行行[⑧]；休容[⑨]之动，业业跄跄[⑩]；德容[⑪]之动，颙颙卬卬[⑫]。

【注释】

①形容：形体、容貌、表情。

②见：同“现”，表现。声色：泛指说话声音和脸色。宋·叶适《张令人墓志》：“常日有不乐，未尝破声色。”

③亮：通“谅”，作“诚信”解。

④休决：美善而刚毅。休，美好。

⑤平理：平和有条理。

⑥容：外部表现。

⑦直容：正直之人的外部表现。

⑧矫矫行行：勇武刚强的样子。矫矫，英勇威武或超凡脱俗，不同凡响。《文选·潘岳〈杨荆州诔〉》：“矫矫杨侯，晋之爪牙。”吕延济注：“矫矫，武貌。”行行，刚强的气貌。《论语·先进》：“子路，行行如也；冉有、子贡，侃侃如也。子乐。”何晏《集解》：“郑曰：‘乐各尽其性，

行行，刚强之貌’。”

⑨休容：温和之人的外部表现。

⑩业业跄跄：心怀危惧小心谨慎。业业，危惧的样子。跄跄，形容走路有节奏的样子。

⑪德容：品德高尚之人的外部表现。

⑫颙颙卬卬：肃穆轩昂的样子。

【译文】

所以刚柔明畅贞固的内质都有其外部显著的反映，从声音神色显示出来，从性情趣味发散出来，各自与其外在的表现一致。所以内在品质诚信正直，他的风度仪容就坚毅刚强；内在品质美善刚毅，他的仪容风度就奋进勇猛；内在品质平和有条理，他的仪容风度就安逸悠闲。仪容风度的外部表现，各自有不同的姿态风度：正直之人表现出来的样子，是武勇刚强的；温和之人表现出来的样子，是心怀畏惧小心谨慎的；品德高尚之人表现出来的样子，是肃穆轩昂的。

【原文】

夫容之动作[1]发乎心气。心气之征，则声变[2]是也。夫气合成声，声应律吕[3]。有和平之声，有清畅之声，有回衍[4]之声。夫声畅于气则实存貌色[5]。故诚仁必有温柔之色，诚勇必有矜奋[6]之色，诚智必有明达之色。夫色见于貌所谓征神[7]，征神见貌则情发于目，故仁目之精[8]，悫然以端[9]；勇胆之精，晔然[10]以强。然皆偏[11]至之材，以胜体为质[12]者也，故胜质不精则其事不遂。是故直而不柔则木[13]，劲而不精则力[14]，固而不端则愚。气而不清则越[15]，畅而不平则荡[16]。是故中庸之质，异于此类。五常既备，包以澹味。五质内充，五精外章[17]，是以目彩五晖[18]之光也。故曰物生有形，形有神精。能知精神，则穷理尽性[19]。性之所尽，九质之征也。

【注释】

①动：动作变化。作：起来。刘宝楠《正义》：“作，起也。”

②声变：随着心气而变化的声音。

③应：应和节拍。律吕：有一定音高标准和相应名称的中国音律体系。律吕是十二律的又称，语源出于三分损益律的六律、六吕。从低音管算起，依次为黄钟、大吕、太簇、夹钟、姑洗、仲吕、蕤宾、林钟、夷则、南吕、无射、应钟。其中黄钟、太簇、姑洗、蕤宾、夷则、无射为阳律；大吕、夹钟、仲吕、林钟、南吕、应钟为阴律。六阳律称为六律，六阴律称为六吕。《国语·周语下》："律吕不易，无奸物也。"

④回衍：回旋延伸。衍，同"延"。《周礼·春官·大祝》："二曰衍祭。"郑注："衍，当为延。"

⑤貌色：容貌。

⑥矜奋：武勇，果敢。

⑦征神：人的神态、表情等反映其内心世界。刘昺："貌色徐疾为神之徵验。"，徵同"征"。

⑧精：通"睛"。此指眼神。

⑨悫然：诚实谨慎的样子。端：端正无邪。

⑩晔然：会意字。字从日从华。"日"指"日光"，"华"指"泛光"。光亮的样子。

⑪偏：即偏颇，不全面。

⑫胜体为质：让形体承担反映内质的任务。刘昺在解释这句话时说："未能不怒而威，不厉而严。"

⑬木：质朴，木讷。

⑭力：倔强，执拗。

⑮越：散失，飘散。

⑯荡：飘荡消失。

⑰五精：指仁、义、礼、智、信五种精神表现。外章：外露。

⑱五晖：五彩的光辉。此指多种表达的目光神情。

⑲穷理尽性：把道理和性情研究到了极点。穷和尽都是终端、尽头的意思。

【译文】

人外在表现的产生是由内部的心气有感而发的，是心气变化的表面体现，同时也是声音变化的体现。心气与声音相合，声音和乐音一样也可分为六律和六吕。有温和平缓的声音，有清纯流畅的声音，有回旋深长的声音。声音在气息中流畅而其内在的本质会通过人体的容貌体现，所以真正的仁爱必然显现出温柔的神色，真正的勇敢必然显现出武勇果敢的神色，真正的智慧必然显现出明澈通达的神色。容貌出现了这些神色就是人们所说的征神，征神出现在容貌上而其神情则从眼睛中表现出来，所以闪耀仁慈目光的眼睛，是诚实谨慎端正无邪的；反映勇气胆量的眼睛，是光亮强劲的。然而这些都是偏才，是让形体承担反映内质的任务，所以完美的内质不能精确反映，因此事情也不能如愿。所以耿直而不兼具柔和则表现为质朴木讷，刚劲而不兼具精干则表现为倔强，固执而不兼具端正则表现为愚憨，心气不清纯则会飘扬四散，声音流畅而不平和则会飘荡消失。所以处事不偏不倚守常不变的资质，是和上述所说不同的。仁、义、礼、智、信五常的资质已经具备，外部用平淡来包装。五常的资质充实于内，五种精神表现在外，所以目光神情发出五彩的光辉。所以说万物生来有它的形体，形体也有它的精神。能够深刻地了解精神，就把其中的道理和性情研究到家了。并概括人全部的性情，有神、精、筋、骨、气、色、仪、容、言九种表现。

【原文】

然则平陂①之质在于神，明暗之实在于精②，勇怯之势在于筋，强弱之植③在于骨，躁静之决在于气，惨怿④之情在于色，衰正⑤之形在于仪，态度⑥之动在于容，缓急之状在于言。其为人也，质素平淡，中睿外朗，筋劲植固，声清色怿，仪正容直，则九征皆至，则纯粹之德也。

【注释】

①平陂：亦作“平波”。亦作“平颇”。平地与倾斜不平之地。《周易·

泰》："无平不陂，无往不复。"后亦常指事物的变迁不定或世道的盛衰兴亡。

②精：精神。

③植：木柱，引申为支柱。

④惨怿：悲伤喜悦。惨：悲伤。怿（yì）：喜悦。

⑤衰正：衰怠与端正。刘昞注："仪者形之表也，故仪衰由形殆，仪正由形肃。"

⑥态度：人的行为、表情。

【译文】

平陂的特质在于神态，内心聪明与愚蠢的实质存在于精神状态，勇敢与怯懦的态势在于筋腱，强健与柔弱的身体支柱存在于骨架，暴躁与平静的脾性关键存在于气息，悲伤与喜悦的情感存在于脸色，衰怠与端正的形态存在于仪表，举止神情的活动存在于容貌，和缓与急切的状态存在于言辞。具备了中庸本质的人，内质纯洁平和淡泊，内心聪慧而外表清朗，筋脉刚劲而骨骼挺拔，声音清纯而情色喜悦，仪表端正而容貌庄重，这样九征全都具备了，道德就精纯完美了。

【原文】

九征有违，则偏杂①之材也。三度②不同，其德异称。故偏至之材，以材自名③；兼材之人，以德为目；兼德之人，更为美号④。是故兼德而至，谓之中庸。中庸也者，圣人之目也。具体而微⑤，谓之德行。德行也者，大雅之称也。一至⑥谓之偏材，偏材，小雅之质⑦也。一征谓之依似⑧，依似，乱德之类也。一至一违谓之间杂⑨，间杂，无恒⑩之人也。无恒依似，皆风⑪人末流。末流之质，不可胜论，是以略而不概⑫也。

【注释】

①杂：非主流、非标准，地位附属、性质不正。

②三度：指偏才、兼才、兼德三种人才德才比例的不同程度。意思是说，偏才只在一种才能上比较完善，兼才有道德表率的作用，兼德体

现了中庸的深度。

③以材自名：以某一方面的才能命名。

④更为美号：以抽象的“美”来称之。

⑤具体而微：具体：各部分已大体具备；微：微小。指事物的各个组成部分大体都有了，不过形状和规模比较小些。《孟子·公孙丑上》：“冉牛、闵子、颜渊，则具体而微。”

⑥一至：犹言小善，偏才。晋·葛洪《抱朴子·广譬》：“理尽者不可责有馀，一至者不可求兼济。”

⑦质：相当，对等。《礼记·聘义》：“介绍而传命，君子于其所尊弗敢质，敬之至也。”郑玄注：“质，谓正自相当。”

⑧一征：“九征”之中的一征。依似：似是而非。

⑨间杂：某些方面有才，某些方面无德。

⑩无恒：无恒常品德。

⑪风：社会风气，社会道德。

⑫概：关切。《孔丛子·抗志》：“虽以天下易其胫毛，无所概于志矣。”

【译文】

对九征中有所违背的人叫作偏杂之才。偏才、兼才、兼德三种人才德才比例的程度不同，对他们品德的称呼也不一样。偏至之才以他个人某一方面的专长命名；兼才之人以其所具有的品德为重；兼德之人更应该有完美的称号，应该以一种抽象的“美”来称呼。所以兼具各种品德而达到极高的程度，就叫作中庸。中庸，是对圣人的最高称呼。总体上各种品德都已具备而发展程度还不高，称之为德行。德行，是对大雅之人的称呼。在一方面的才能发展到非常高程度的人叫作偏才，偏才，相当于小雅。九征之中只一个特征表现突出的叫作依似，依似，属与似是而非而且品性不佳的人。只在某些方面有才，在其他方面却背离的人叫作间杂，间杂指变化无常没有品德的人。德行紊乱和变化无常的人，都属于本质低下的末流之辈。末流之人的品质，不能够把它说完，所以将其忽略不予关注。

体别第二

【原文】

夫中庸之德，其质无名。故咸而不碱[①]，淡而不𩞄[②]，质而不缦[③]，文而不缋[④]。能威能怀[⑤]，能辩能讷[⑥]。变化无方，以达为节[⑦]。

【注释】

①碱：碱土，含有盐分的土壤，古人从中取盐。《后汉书·西南夷传·冉駹》："地有碱土，煮以为盐。"

② 𩞄（kuì）：没有味道。

③质而不缦（màn）：看起来质朴无华却并非没有纹饰。质，质朴，没有纹饰。缦，没有花纹的丝织品。

④文而不缋（huì）：看起来有纹彩却并非像五彩花纹的图案。文，纹理，花纹。缋，指彩色的花纹图案。《汉书·食货志下》："乃以白鹿皮方尺，缘以缋，为皮币，直四十万。"颜师古注："缋，绣也；绘五彩而为之。"

⑤威：使人畏惧慑服。怀：安抚。

⑥讷：沉默。

⑦节：节度，限度，标准。

【译文】

中庸这种道德，它的实质内容没有一个确定的名称。因此说它咸却没有碱土的苦涩，平淡却并非没有味道，看起来质朴无华却并非没有纹饰，看起来有纹彩却不炫目耀眼。能够威严而且也能怀柔，能善于言谈又能沉默，处事可变化而无定律，以通达成功为标准。

【原文】

是以抗[①]者过之，而拘者不逮[②]。夫拘抗违[③]中，故善有所章[④]，而理有所失[5]。是故厉直刚毅，材在矫正，失在激讦[6]。柔顺安恕，每[7]在宽容，失在少决。雄悍杰健，任[8]在胆烈，失在多忌。精良畏慎，善在恭谨，失在多疑。强楷[9]坚劲，用在桢干[10]，失在专固[11]。论辨理绎[12]，能在释结，失在流宕。普博周给，弘在覆裕[13]，失在溷浊。清介廉洁，节在俭固，失在拘扃[14]。休动磊落[15]，业在攀跻[16]，失在疏越[17]。沉静机密，精在玄微，失在迟缓。朴露径尽[18]，质在中诚[19]，失在不微[20]。多智韬情[21]，权在谲略[22]，失在依违。及其进德之日不止，揆[23]中庸以戒其材之拘抗，而指人之所短以益其失。犹晋楚带剑递相诡反[24]也。

【注释】

①抗：争强进取。

②拘：拘谨不争。不逮：追不上。

③违：违背。

④章：显露，彰显。

⑤失：丧失，缺乏。

⑥讦：揭发别人的隐私或攻击别人的短处。

⑦每：通“美”，美德。

⑧任：任用，使用。

⑨楷：树木名，亦称黄连木。其枝干挺直，这里用以形容刚直。

⑩桢干：古代夯土筑墙的器具，筑墙时所用的木柱叫桢，竖在两旁障土的木柱或板叫干。这里比喻骨干、支柱。

⑪专固：专擅，固执。

⑫理绎：梳理，分析。

⑬覆裕：普遍接触，宽宏容纳。覆，覆盖，遮蔽，引申为普遍。裕，宽大，宽容。《周易·系辞下》：“益，德之裕也。”韩康伯注：“能益物者，其德宽大也。”

⑭拘扃：拘谨自闭。扃，门闩。

⑮休动磊落：行为善美、光明磊落。

⑯业在攀跻：建立功业在于向上攀登。攀跻，攀登。

⑰疏越：疏忽，疏漏。

⑱朴露径尽：质朴率直全部显示。

⑲质在中诚：秉性忠诚。中，同“忠”。

⑳不微：不善于隐蔽自己。微，隐匿，隐藏。

㉑韬情：隐匿真情。

㉒权：变通，灵活。谲略：狡黠有谋略。

㉓揆（kuí）：揣测，估量。

㉔晋楚带剑递相诡反：晋人和楚人互相指责把剑佩带反了。诡，违背，相反。《管子·四时》：“刑德合于时则生福，诡则生祸。”

【译文】

所以爱好竞争的人是过头了，而拘谨不争的人则是达不到。拘谨和进取的人都违背了中庸之道，所以他们都有明显的长处，但是也丧失了应该遵循的基本道理。所以说，严厉耿直、刚正不阿的人，他的才干在于纠正偏错，失误在于不讲策略地、激烈地攻击别人的短处。柔顺安稳、宽以待人的人，他的美德是宽宏大量、容忍谦让，失误在于优柔寡断。雄健有力而强悍杰出的人，他的优点是做事有胆量、有魄力，失误在于多所忌恨。精明强干同时小心谨慎的人，长处在于谦恭有礼，失误在于多所疑虑。刚直坚强的人，他的作用在于独当一面，失误在于专擅固执。能言善辩长于分析的人，他的能力善于分析解决疑难问题，失误在于言过其实而无原则。交际广博能与各种人相处的人，他的宽宏在于胸襟宽广，广泛容纳众人，失误在于良莠不齐，好坏不分。清正耿直廉洁自持的人，他的节操在于节俭不奢，失误在于拘谨自闭。行为善美光明磊落的人，他的功业在于向上攀登，失误在于不够严谨、疏忽遗漏。深沉不语、内有心计的人，他的精明在于精思远虑，失误在于迟疑缓慢。质朴率直全部显露的人，他的秉性在于忠诚不渝，失误在于不善于隐蔽自己。足智多谋隐匿真情的人，他的灵活在于狡黠有谋略，失误在于左右依违趋炎附势，立场不坚定。等到他们自认为德才得到充分发挥的时候，如果不能以中庸之道为准则，来避免自己才干的偏向极端，却来指责别人的短处来增加他的失误，就好像晋人和楚人由于佩带宝剑的习惯不同，而互相指责对方把剑佩带反了一样滑稽可笑。

【原文】

是故强毅之人，狠刚不和。不戒其强之搪突[1]，而以顺为挠[2]，厉其抗[3]。是故可以立法[4]，难以入微[5]。柔顺之人，缓心宽断。不戒其事之不摄[6]，而以抗为刿[7]，安其舒[8]。是故可与循常，难与权疑[9]。雄悍之人，气奋勇决。不戒其勇之毁跌，而以顺为恇[10]，竭其势[11]。是故可与涉难[12]，难与居约[13]。惧慎之人，畏患多忌，不戒其懦于为[14]义，而以勇为狎[15]，增其疑。是故可与保全，难与立节。凌楷[16]之人，秉意劲特[17]。不戒其情之固护[18]，而以辨[19]为伪，强其专。是故可以持正，难与附众。辩博之人，论理赡给[20]。不戒其辞之泛滥，而以楷为系[21]，遂其流[22]。是故可与泛序[23]，难与立约。弘普之人，意爱周洽[24]。不戒其交之溷杂，而以介为狷[25]，广其浊。是故可以抚众，难与厉俗。狷介之人，砭清激浊[26]。不戒其道之隘狭，而以普为秽[27]，益其拘。是故可与守节，难以变通。休动之人，志慕超越。不戒其意之大猥[28]，而以静为滞[29]，果其锐[30]。是故可以进趋，难与持后。沉静之人，道思[31]回复。不戒其静之迟后，而以动为疏[32]，美[33]其懦。是故可与深虑，难与捷速。朴露之人，中疑实硌[34]。不戒其实之野直，而以谲为诞[35]，露其诚。是故可与立信，难与消息[36]。韬谲之人，原度取容[37]。不戒其术之离正，而以尽[38]为愚，贵其虚。是故可与赞善，难与矫违。

【注释】

①搪突：搪同“唐”，即唐突，冒犯的意思。

②挠：屈服。出自《韩非子·八经》：“民以法难犯上，而上以法挠慈仁。”

③厉其抗：使其竞争进取之心更加强烈。厉，猛烈，激烈。《左传·定公十二年》：“与其素厉，宁为无勇。”杜预注：“厉，猛也。”抗：同亢。

④以立法：用他们执行法律建立法律的权威。以，任用，使用。

⑤微：细微。

⑥摄：巩固，持久。《国语·楚语上》："悛而不摄，则身勤之……摄而不彻，则明施舍以导之忠。"韦昭注："摄，固也。"

⑦刿：通"昧"，暗昧，愚昧。《韩非子·难言》："抱微说约，径省而不饰，则见以为刿而不辩。"于省吾新证："刿应读作昧……昧谓暗昧。"

⑧安其舒：安心于宽舒安稳的处事方法。

⑨权疑：决断疑难。

⑩恇（kuāng）：畏惧，恐惧。

⑪竭其势：把可能带来挫折失败的逞强奋勇的气势发挥到极致。竭，尽。此指到极致。

⑫与涉难：给予经历艰难。与，给予。

⑬居约：服从约束，接受限制。

⑭为：动词，做。

⑮狎：轻视怠慢。

⑯凌楷：严峻正直。

⑰秉意劲特：坚持自己意志的个性非常突出强烈。

⑱情之固护：情志专一不移。

⑲辨：通"变"。《荀子·臣道》："故因其惧也而改其过，因其忧也而辨其故。"王念孙《读书杂志·荀子五》："辨读为变，变其故，谓去故而就新也。"

⑳赡给：富足，丰富。

㉑以楷为系：把规矩视为束缚。楷，法式，典范。

㉒遂其流：言论不加节制。

㉓泛序：泛泛地议论。

㉔意爱周洽：普遍地施予仁爱之意。周洽，普遍。

㉕以介为狷：刘昺注释这句话说："以拘介为狷戾。"拘介，守正耿介。狷戾，偏急暴戾。

㉖砭清激浊：针砭抨击世事的清浊。

㉗以普为秽：把普遍存在的事物看成污秽庞杂的东西。

㉘大猥：太强烈。大，“太”的古字。猥，猛烈，强烈。

㉙以静为滞：以沉静为停滞不动。

㉚锐：果锐，锐意进取，急于求成。

㉛道思：思考道理。

㉜以动为疏：以活动为粗疏。

㉝美：以……为美。

㉞中疑实硌：把心中的疑惑表现出来。

㉟以谲为诞：把狡猾视为荒诞。

㊱消息：变化。

㊲原度取容：推测揣度别人的心思确定形象。原，推测，研究。《荀子·儒效》：“俄而原仁义，分是非，图回天下于掌上而辨白黑，岂不愚而知矣哉！”

㊳尽：诚恳尽力。

【译文】

因此耿直刚正不阿的人，争强好胜而不能平和。他如果不注意戒除刚强则会有冒犯唐突他人的缺点，他会把柔顺当作软弱屈服，从而使其争强好胜之心更加强烈。所以这种人可以让他执法用来建立法律的权威，很难用他从事细致入微的工作。柔韧而顺从、宽以待人的人，他心性平缓，处事宽松。他不是力求戒除缺乏稳固持久的缺点，而是把手段强硬看作昏暗愚昧的处事方法，认为会伤及无辜。所以这种人可以让他按照规章制度处理一般性的事情，很难让他权衡决断疑难的问题。雄健有力、强悍杰出的人，气势亢奋而勇猛果敢。他不是力求戒除奋勇会带来挫折和失败的缺点，而是把顺应时势看成胆小怕事，从而把可能会带来挫折失败的逞强奋勇的气势发挥到极致。所以这种人可以让他经历危难，很难让他服从约束、遵守约定。胆小谨慎的人，恐惧忧虑而瞻前顾后有很多忌讳，他不是力求戒除害怕行义的缺点，而是把勇敢看作对人的亲近和拉拢，从而进一步增加疑虑恐惧心理以致变得畏首畏尾。所以这种人可以全身自保，很难要求他树立正气。严峻刚直的人，坚持自己立场而刚劲特行。他如果不改正自己固执已见的缺点，反而是把变化视为浮夸虚伪，从而会一意孤行。所以他可以守持正道，却很难让众人感到心服口服。能言善辩、知识广博的人，论事说理能够丰富周延。他如果不注意言辞空泛而无遮拦的缺点，反而会把规矩视为束缚，则促使其言论不加节制。所以这种人可以让他泛泛地议论，很难让他对自己有所约束。交际广博能与各种人相处的人，普遍地对人施予仁爱之意。他不是力求戒除结交混杂的缺点，而是把耿直有节的行为视为拘谨保守，从而扩大自己清浊不辨的毛病，而这会让他交友不慎，所以这种人可以让他安抚众人，很难让他整饬社会风俗。清正耿直、廉洁自持的人，针砭抨击世事的清浊。他不是力求戒除个人处世方法狭隘的缺点，而是把结交广泛视为同流合污，从而更加心胸狭窄。所以这种人可以让他坚守节操，很难与他谋划变通之事。行为善美光明磊落的人，钦慕高超远大的志向。他不是力求戒除自我贪大求多的缺点，而是把安稳沉静视为保守滞后，从而坚定更加锐意进取并急于求成。所以这种人可以让他开拓前行，很难让他处理善后。深沉平静的人，循规蹈矩而反反复复考虑其中的道理。他不是力求戒除由于平静带来的迟缓滞后的缺点，而是认为积极的活动必然导致疏漏不密，他以怯懦为美德。所以这种人可以让他深思熟虑，很难让他做到快速判断。质朴率直全部显露的人，把心中的疑惑表现出来。他不是力求戒除由于实在带来的坦直无拘束的缺点，而是把计谋视为怪诞不经之论，更加袒露自己的内心。所以这种人可以和他讲信义，但很难让他随情况的变化与时俱进。足智多谋隐匿真情的人，推测揣度别人的实际情况而确立形象。他不是力求戒除权术可能会脱离正道的毛病，而是把胸中无计谋当成愚昧不化、笨拙无用，会更加虚浮。这种人可以让他赞美颂扬善美，很难让他纠正违规杜绝邪恶。

【原文】

夫学，所以成材也。恕[①]，所以推情[②]也。偏材之性[③]不可移转矣。虽教之以学，材成而随之以失。虽训之以恕，推情各从其心[4]。信者逆[5]信，诈者逆诈[6]。故学不入道[7]，恕不周物[8]，此偏材之益[9]失也。

【注释】

①恕：宽恕，推己及人。《论语·卫灵公》："子贡问曰：'有一言而可以终身行之者乎？'子曰：'其恕乎！己所不欲，勿施于人。'"

②推情：以自己的心理情感推想别人的心理情感。

③性：本质，本性。

④心：心理想法。

⑤逆：接受，肯定。

⑥诈：狡猾。

⑦道：规律，方法，途径。

⑧周物：符合客观事物的实际。此指符合所推想之人的心理。

⑨益：增加，增大。

【译文】

不断地学习，是可以使人成为有用之才的途径。宽恕，是用自己的心推想别人心理的方法。而偏才的本性则是片面僵化地固守个人的本性，而不能灵活转变。即使不断地教导他学习，他也会因为专项学有所成而在实践中有所失误。即使训导他对人宽恕，他也会用固定的心态来推想不同的人。如果他自己讲信，会认为所有的人都是诚信的，如果他自己是狡猾的，会认为所有的人都是狡猾的，所以虽然他学习但是却没有掌握真正的规律，讲宽恕之心也不能了解周围客观事物的本质，这就更加增大了偏才之人固有的缺陷。

流业第三

【原文】

盖人流之业[1]十有二焉：有清节家[2]，有法家[3]，有术家[4]，有国体[5]，有器能[6]，有臧否[7]，有伎俩[8]，有智意[9]，有文章[10]，有儒学[11]，有口辩[12]，有雄杰[13]。

【注释】

①业：事业，由志向所决定的事业或功业。

②清节家：节操高洁，堪为世人楷模之人。

③法家：法家是中国历史上提倡以法制为核心思想的重要学派，《汉书·艺文志》列为“九流”之一。法家是战国时期平民的政治代言人。强调“不别亲疏，不殊贵贱，一断于法”。他们对法制的高度重视，以及把法律视为一种有利于社会统治的强制性工具，这些体现法制建设的思想，一直被沿用至今，成为中央集权者稳定社会动荡的主要统治手段。主要代表人物有李悝、慎到、商鞅、申不害、韩非等人。战国末韩非对他们的学说加以总结、综合，集法家之大成。

④术家：精通权谋的人。

⑤国体：兼备清节家、法家、术家三者素质才能的国家栋梁之材。《艺文志·诸子略》：“兼儒墨，合名法，知国体，之有此，见王治之无不贯。”

⑥器能：在德、法、术三方面略次于国体的人才。

⑦臧否：书面用语，褒贬、评比、评定、评价、评介、评论等意思。此指具备清节家的品德，但心胸不宽，喜欢褒贬人物，评论是非的人。

⑧伎俩：指虽然不能为国家制定长远的政策和策略，但有执行政策和策略技巧的人。

⑨智意：智谋；指有权谋的人。《三国志·蜀志·孟光传》：“智意虽有自然，然亦可力彊致也。”

⑩文章：指文笔灿烂，能写文章的人。

⑪儒学：传授儒家学说的人。在上古时代儒生是专门职业人才。

⑫口辩：能言善辩之才。《隋书·陆爽传》：“朝廷以其博学，有口辩，陈人至境，常令迎劳。”

⑬雄杰：有胆有勇、谋略过人之人。宋·司马光《论横山疏》："汉高祖之雄杰，为冒顿所围，七日不火食。"

【译文】

人们由志向所决定的事业或功业有十二种：有行为高尚且其行为可以作为楷模的清节家，有擅长制定法规的法家，有胸藏谋术韬略的术家，有德、术、法三者兼具的国体之人，有通权变达善于解决问题的器能之人，有德高望重但不能宽宏大量对待他人的臧否之人，有手段灵活但不能目光长远的伎俩之人，有足智多谋但不能公正的智谋之人，有笔下生花的文章之人，有能够传播圣训的儒学之人，有口舌雄辩的口辩之人，有胆识勇武过人的雄杰之人。

【原文】

若夫[①]德行高妙，容止可法[②]，是谓清节之家，延陵、晏婴[③]是也。建法立制，强国富人，是谓法家，管仲、商鞅[④]是也。思通道化[⑤]，策谋奇妙，是谓术家，范蠡、张良[⑥]是也。

【注释】

①若夫：至于。用于句首或段落的开始，表示另提一事。

②法：效法。

③延陵：古邑名，大约在今常州、江阴等吴地沿江一带地区。为春秋吴邑，季札所居之封邑。指春秋时期吴国的贤人王季札，季札为人谦让，曾两次把王位让给哥哥王诸樊与侄子王僚。因他被封于延陵，所以时人称他为延陵季子。晏婴：谥平，习惯上多称平仲，又称晏子，春秋时期齐国的大夫，著名政治家、思想家、外交家，历事齐灵公、齐庄公和齐景公，并任齐景公的宰相达四十年。晏婴聪颖机智，能言善辩。内辅国政，屡谏齐王。对外他既富有灵活性，又坚持原则性，出使不受辱，捍卫了齐国的国格和国威。由于晏婴的存在，齐国强盛一时。

④管仲：姬姓，管氏，名夷吾，字仲，谥敬，春秋时期法家代表人

物。被称为管子、管夷吾、管敬仲。是中国古代著名的哲学家、政治家、军事家。被誉为“法家先驱”“圣人之师”“华夏文明的保护者”“华夏第一相”。在他的辅佐下，齐国国力大增，成为春秋时的霸主。商鞅：战国时卫国人，公孙氏，名鞅，亦称卫鞅、公孙鞅、商君鞅、商君。战国时期秦国政治家、改革家、思想家，法家代表人物。喜好刑名之学，初为魏相公孙痤家臣，公孙痤死后入秦，以强国之术游说秦孝公，深被信任，任左庶长，先后实行两次变法，史称“商鞅变法”。商鞅改革了秦国户籍、军功爵位、土地制度、行政区划、税收、度量衡以及民风民俗，并制定了严酷的法律，从而使秦国成为战国时最强大的国家。

⑤思通道化：思想与客观规律的辩证理论。道化，指自然和社会规律的发展变化。

⑥范蠡：春秋时楚国人，他在越国担任大夫，越国被吴国打败后，辅佐越王勾践发愤图强，最终灭了吴国。他深知越王勾践可与共患难，不能共享乐，于是离开越国，前往其他国家经商，后因为到陶地改称陶朱公，通过经商成为巨富。其政治主张和经济思想在《国语》《吕氏春秋》《史记》等史籍中有记载。张良：秦朝末年人，字子房，出身韩国贵族，祖父与父亲相继为韩国卿相。秦灭韩后，图谋复国，倾家财寻求刺客，对秦始皇进行刺杀未遂，因而逃亡，在下邳隐名避祸，随从圯上老人学《太公兵法》。秦末参加陈胜、吴广起义，后归附刘邦，成为刘邦运筹帷幄、决胜千里之外的重要谋臣。刘邦进入关中后，曾劝其不要贪恋宫室，又在项羽的鸿门宴中为刘邦解危。楚汉战争中，主张争取英布、彭越、韩信，连兵破楚，反对郦食其分封六国之后的主张。刘邦建国后，被封为留侯，在劝刘邦定都关中、册立太子等问题上均起重要作用。

【译文】

至于德行高尚美好，仪容举止可以被众人效法的，这种人可称之为清节家，比如吴国延陵季子、齐国晏婴就是这样的人物。建立法律和制度，使国家强大人民富裕，这种人可称之为法家，齐国管仲、秦国商鞅就是这样的人物。通晓天地间道化万物的道理，善于出奇谋划妙策应对各种变化，可称为术家，如范蠡、张良就是这样的人物。

【原文】

兼有三材，三材皆备。其德足以厉①风俗，其法足以正天下，其术足以谋庙②胜，是谓国体，伊尹、吕望③是也。兼有三材，三材皆微。其德足以率④一国，其法足以正乡邑⑤，其术足以权事宜，是谓器能，子产、西门豹⑥是也。

【注释】

①厉：激励，勉励。

②庙：朝堂，封建时期帝王讨论朝政的地方。《尉缭子·战威》："刑如未加，兵未接，而所以夺敌者五：一日庙胜之论……"

③伊尹：商初重要谋臣，初在有莘国为奴，成汤娶有莘氏女，伊尹作为陪嫁入商。成汤发现其才，提拔重用，后委之以国政。伊尹是辅佐成汤建立商朝的功臣。伊尹善烹调，他用做菜的道理比喻治国之道，成汤便把他提拔为自己的助手，任以国政，后来伊尹辅助成汤伐夏取得天下。吕望：周朝的开国功臣。本姓姜，名尚，字子牙，因其先祖受封于吕地而改姓吕。吕望年轻时穷困潦倒，怀才不遇，年老时在渭水边钓鱼遇见周文王，两人相见恨晚，周文王任命他为军师。周武王即位后，尊他为师尚父，他在辅佐武王灭商建周中功绩卓著，故西周建立后被封于营丘，因功封于齐，为齐国始祖。

④率：成为……表率。

⑤正乡邑：纠正基层社会中的不良风气习俗。乡邑，上古时指乡里，秦汉以后多指县以下的小镇。

⑥子产：春秋时郑国人，名侨，字子产，又字子美。郑穆公之孙，公子发之子，因此又称公孙侨，也称国侨。因其居于东里，也称东里子产。任郑国卿、少正等职，历事郑简公、定公、献公、声公四朝。他在

执掌国政期间，锐意改革，作丘赋，铸刑书，举贤用能，保护乡校，把郑国治理得井井有条，当时诸侯争霸，弱小的郑国处于强国之间，岌岌可危，因子产善于化解矛盾，才使郑国平安无事。死后被孔子称为“古之遗爱”。西门豹：战国时魏国大臣，姓西门，名豹。魏文侯时任邺县县令，到任后废除当地为河伯娶媳妇的陋习，移风易俗。主张藏粮于民，寓兵于农，示民以信。在任期间，开凿十二渠，引漳河灌溉农田，把邺县治理得很好。他为官清廉，不取个人秋毫之私利。

【译文】

兼有德、法、术三种才干，三种才能都能达到较高水平，其品德的感召力足以勉励好的社会风气和习俗建立，其法律、法令足以匡正天下的歪风邪气，施展他们的谋术足以谋划朝廷预先制定的克敌制胜决胜千里的谋略，这种人可称之为国体之人，殷商的伊尹、西周的吕望就是这样的人物。兼有德、法、术三种才干，而三种才干却都稍差前者，其品德足以为一方的表率，其法律足以端正一乡，其谋术足以应变权衡一些突发性事情，这种人可称之为器能之人，郑国的子产、魏国的西门豹就是这样的人物。

【原文】

兼有三材之别，各有一流。清节之流，不能弘恕[①]。好尚讥诃[②]，分别是非，是谓臧否，子夏[③]之徒是也。法家之流，不能创思远图。而能受一官之任，错意施巧[④]。是谓伎俩，张敞、赵广汉[⑤]是也。术家之流，不能创制垂则[⑥]。而能遭变用权，权智有余，公正不足。是谓智意，陈平、韩安国[⑦]是也。凡此八业，皆以三材为本。故虽波流分别，皆为轻事[⑧]之材也。

【注释】

①弘恕：宽容，宽大。《旧唐书·郑畋传》：“畋文学优深，器量弘恕，美风仪，神彩如玉，尤能赋诗。”

②讥诃：讥笑、责备、非难。《后汉书·宦者传·吕强》：“邕不敢怀

道迷国，而切言极对，毁刺贵臣，讥诃竖官。”

③子夏：春秋末晋国温（今河南温县西南）人，姓卜，名商，字子夏，孔子弟子，列于孔门文学之科。主张“仕而优则学，学而优则仕”“博学而笃志，切问而近思”。要求国君研读《春秋》，以史为训。提出尊贤轻色，事亲竭力，事君尽忠，交友守信。因主张大德不可越轨，小德可有出入，被孔子批评为守礼不严。孔子死后到魏国西河讲学，魏文侯师事之。李悝、吴起、商鞅都是他的学生。子夏擅长文学，魏文侯拜他为师。孔子死后，子夏在河南西河讲学，对传播孔子学说颇有贡献。相传《诗》《春秋》等儒家经典是由他传授下来的。

④错意施巧：错，通“措”，着意施展实现自己意图的技巧。错意，在意，着意。巧，指实现自己意图的技巧。

⑤张敞：西汉河东平阳（今山西临汾西南）人，字子高。汉昭帝时任太仆丞，因切谏昌邑王而出名，为汉兴以来治理京兆最有成绩者，敢直言，明赏罚。赵广汉：汉宣帝时担任颍州太守、后迁京兆尹，诛杀豪强原氏、褚氏等，因执法不避权贵而名震一时。

⑥垂则：垂示法则。《汉书·外戚传下·孝成许皇后》：“垂则列妾，使有法焉。”颜师古注：“言垂法于后宫，使皆遵行也。”

⑦陈平：秦末阳武（今河南原阳东南）人。出身贫寒，喜黄老之术。秦末天下大乱，先后事魏王咎、项羽，随项羽入关破秦。后归顺刘邦，为刘邦重要谋士。屡向刘邦进献奇策，如离间项羽君臣、解平城之围、计擒韩信等。历任都尉、亚将、护军中尉等，先后被封为户牖侯和曲逆侯。惠帝时又历任郎中令、左、右丞相。诸吕专权时，以不理政事纵情酒色伪装自己而不问政事。吕后死，与太尉周勃合谋诛灭诸吕，迎立文帝后任丞相。韩安国：西汉梁国睢阳（今河南商丘南）人，字长孺。初在梁王手下任中大夫，平定吴楚七国乱有功，任梁内史。汉武帝时任北地都尉、大司农、御史大夫、护军将军等职。性贪财嗜利，但不嫉贤妒能，举荐人才，因此被士人所称。丞相田蚡死后，一度以御史大夫行丞相事，后因病免职。后历任中尉将军、卫尉将军、材官将军等职，汉武帝元光六年，匈奴大举入侵，他担任材官将军，屯军于渔阳，因将屯失

亡多，被武帝所责，忧郁而死。

⑧轻事：轻而易举地完成职责分内的事情。

【译文】

与兼有德、法、术三种才华有区别，各自专精一项而成一流派，在清节家流派中，不能宽宏大量，喜欢对人讥笑责备非难，分辨谁是谁非，这种人可称之为臧否之人，子夏之流就是这样的人物。在法家流派中，不能广开思路，创新思虑，建立长远规划，只能在具体地方官位上胜任，运用心智施展实现自己意图的技巧，这种人可称之为伎俩之人，汉朝张敞、赵广汉就是这样的人物。术家的流派中，不能创建制度并确立法则规定，但能在情况变化的时候想出具体的应变策略，权变智谋有余，公平端正不足，这种人可称之为智意之人，汉朝陈平、韩安国就是这样的人物。凡此八类人才，都是以德、法、术三种才能作为根本，虽然这些人分为不同的流派，但都是能够轻而易举地完成职责分内的事情的人才。

【原文】

能属文[①]著述，是谓文章，司马迁、班固[②]是也。能传圣人之业，而不能干事[③]施政，是谓儒学，毛公、贯公[④]是也。辩不入道而应对资给[⑤]，是谓口辩，乐毅、曹丘生[⑥]是也。胆力绝[⑦]众，才略过人，是谓骁雄，白起、韩信是也[⑧]。

【注释】

①属文：撰写文章。《文选·文赋》："每自属文，尤见其情。"李善注："属，缀也。"

②司马迁：西汉左冯翊夏阳（今陕西韩城南）人，字子长。少年随父读书，又从董仲舒、孔安国学《春秋》《尚书》。十二岁出游，足迹遍于湖北、湖南、江西、浙江、江苏、山东、河南等地。后任郎中，随汉武帝巡游到过陕西、山西、甘肃、内蒙古等地，又奉命出使四川、云南

等地，积累了丰厚的阅历。父亲死后，继承父亲遗志，继续著史。汉武帝元封三年（前108）任太史令，阅读皇室藏书，搜集史料。天汉三年（前97），因替投降匈奴的李陵辩解，被下狱中，遭受腐刑。出狱后忍辱发奋，继续撰述，写成我国第一部纪传体通史《史记》，被后世尊称为史迁、太史公、历史之父。班固：字孟坚，汉族，扶风安陵（今陕西咸阳东北）人，东汉著名史学家、文学家。班彪之子，十六岁入洛阳太学，二十三岁父死，归乡里，潜心撰述史书。后被人诬告私改国史，入狱。其弟班超辩明其冤，乃被释出狱，任兰台令史，撰述东汉开国以来的史事。先与陈宗等人共同撰成《世祖本纪》，迁为典校秘书后，又自撰功臣、平林、新市、公孙树等列传、载记二十八篇。后受明帝之命，撰成起自高祖刘邦终于王莽的《汉书》。章帝时官迁玄武司马，撰成《白虎通义》。《汉书》是继《史记》之后中国古代又一部重要史书，“前四史”之一。

③干事：指办事；专门从事某项专门工作。《三国志·蜀志·郤正传》：“〔郤正〕及见受用，尽心干事，有治理之绩。”

④毛公：相传为西汉鲁治（今山东曲阜）人，一说为赵（今河北邯郸西南）人，名亨，河间献王博士，时人称为大毛公，以别于传承其学的小毛公毛苌。作《毛诗故训传》三十卷，开创一派《诗经》古文学。贯公：指贯长卿。西汉学者，赵人，古文学派毛诗派的传人，是研究《左传》的学者。《汉书·儒林传》中有载。

⑤资给：天资聪敏，言语便捷。

⑥乐毅：乐氏，名毅，字永霸。中山灵寿（今河北灵寿西北）人，战国后期杰出的军事家，魏将乐羊后裔。乐毅少年聪颖，喜好兵法，赵国曾有人举荐他出来做官。到了武灵王在沙丘行宫被围困饿死后，他就离开赵国到了魏国。拜燕上将军，受封昌国君，辅佐燕昭王振兴燕国。公元前284年，他统率燕国等五国联军攻打齐国，连下70余城，创造了中国古代战争史上以弱胜强的著名战例，报了强齐伐燕之仇。后因受燕惠王猜忌，投奔赵国，被封于观津，号为望诸君，后乐毅死于赵国。曹丘生：西汉楚人，以辩才著称，是名将季布的座上宾。与贵人赵同、窦

长君关系好。曹丘生想结识将军季布，请窦长君给季布写信介绍自己。窦长君说："季将军不喜欢你，你不要去见他。"曹丘生坚持要见，窦长君只好写信先给季布送去。季布见信果然大怒，等待曹丘生的到来。曹丘生到后，对季布说："我是楚人，您也是楚人。楚地有一句谚语'得黄金百，不如季布一个许诺'。您为什么在楚地会有这样的名声呢？是因我的游走宣扬的结果，难道您不念及这些吗？怎么对我这样深加拒绝呢？"季布听后，非常高兴，便把他留下，奉为上宾。

⑦绝：超过。

⑧白起：又称公孙起，战国时期秦国郿县（今陕西眉县）人，中国古代著名的将领、军事家。白起为秦昭王征战六国，为秦国统一中国作出了巨大的贡献。曾在伊阙之战大破魏韩联军，攻陷楚国国都郢城，长平之战重创赵国主力，功勋赫赫，白起是继中国历史上自孙武、吴起之后又一个杰出的军事家、统帅，与廉颇、李牧、王翦并称为"战国四大名将"，位列"战国四大名将"之首。长平之战后，白起本拟乘胜灭赵，范雎以秦兵疲惫，急待休养为由，请求允许韩、赵割地求和。昭王应允。韩割垣雍，赵割六城以求和，正月皆休兵。白起闻知此事，从此与范雎结下仇怨。后秦昭王与范雎商议，以为白起迟迟不肯奉命，派使者赐剑命其自刎。韩信：秦汉著名军事家。淮阴（今江苏淮阴南）人，早年家贫，秦末参加项梁、项羽的反秦武装，因不被重用，后离开项羽投奔刘邦。开始不被刘邦重用，由于萧何保举，拜大将军。楚汉战争中先后定魏，击代、赵，降燕，破齐，垓下决战，打败项羽，战功卓著。先被封为齐王，后被徙为楚王，又因为被人诬告谋反，贬为淮阴侯。陈豨反叛后，韩信与之暗通消息，其舍人又告发他准备发兵袭击吕后及太子，被吕后与萧何设计杀害。

【译文】

能撰写文章著书立说，这种人可称之为文章，汉朝司马迁、班固就是这样的人物。能传承圣人的事业，而不能参与国事实施政事，这种人可称之为儒学，汉朝毛公、贯公就是这样的人物。辩论的方法和语言不合正道但却语言丰富应对自如，这种人可称之为口辩，燕国乐毅、汉代曹丘生就是这样的人物。胆量勇力超过众人，才能谋略高于众人，这种人可称之为骁雄，白起、韩信就是这样的人物。

【原文】

凡此十二材，皆人臣之任也。主德[1]不预焉。主德者，聪明平淡，总达[2]众材，而不以事自任者也。是故主道立，则十二材各得其任也。清节之德，师氏[3]之任也。法家之材，司寇[4]之任也。术家之材，三孤[5]之任也。三材纯备，三公[6]之任也。三材而微，冢宰[7]之任也。臧否之材，师氏之佐[8]也。智意之材，冢宰之佐也。伎俩之材，司空[9]之任也。儒学之材，安民之任也。文章之材，国史[10]之任也。辩给之材，行人[11]之任也。骁雄之材，将帅之任也。是谓主道得而臣道序，官不易方[12]，而太平用[13]成。若道不平淡与一材同用好[14]，则一材处权[15]，而众材失任矣。

【注释】

①主德：指善于辨别和使用各种人才的君主。

②总达：统领提拔。

③师氏：官名。西周时设置，官位尊显，负责教育贵族子弟。《周礼·地官·司徒》说："师氏，中大夫。"郑玄注："师，教人以道者之称也。"

④司寇：官名。西周始置，位次三公，与六卿相当，与司马、司空、司士、司徒并称五官，掌管刑狱、纠察等事。各诸侯国亦置此官，职掌同周，楚、陈等国称司败。后世也用作刑部尚书的别称。据《左传》和铜器铭文所记，春秋时，周王室和鲁、宋、晋、齐、郑、卫、虞等国都置有司寇之官。其职责是驱捕盗贼和据法诛戮大臣等。楚名司寇为司败，战国时不少国家仍名刑官为司寇。

⑤三孤：官名。周成王时立少师、少傅、少保，合称三孤，是三公的副职。其地位低于公而高于卿。秦、汉以后废，北周时复置。宋徽宗政和二年（1112年）复置，作为次相之任。明清无固定员额，而作为荣衔。

⑥三公：古代官名。三公是天子之下的最高管理的称呼，辅佐天子，中国古代朝廷中最尊显的三个官职的合称。周代已有此词，西汉今文经学家据《尚书大传》《礼记》等书以为三公指司马、司徒、司空。古文经学家则据《周礼》以为太傅、太师、太保为三公。西汉成帝元和年间，以丞相、大司马、御史大夫同为宰相，合称“三公”。东汉改名为太尉、司徒、司空，亦称“三司”。位高禄厚，权力极大。

⑦冢宰：官名。即太宰。西周置，位次三公，为六卿之首。太宰原为掌管王家财务及宫内事务的官。周武王死时，成王年少，周公曾以冢宰之职摄政。《尚书·伊训》说：“百官总己以听冢宰。”《礼记·檀弓下》说：“古者天子崩，王世子听于冢宰三年。”春秋战国时泛指执掌国政的大臣。

⑧佐：处于辅助地位的人。《史记·孝武本纪》：“天神贵者泰一，泰一佐日五帝。”

⑨司空：官名。司空是中国古代官名。西周始置，位次三公，与六卿相当。与司马、司寇、司士、司徒并称五官，掌水利、营建之事，金文皆作司工。春秋、战国时沿置。汉朝本无此官，成帝时改御史大夫为大司空，但职掌与周代的司空不同。相传为殷商辅政大臣之一。西周时为“三公”之一。西汉成帝时改御史大夫为大司空，东汉光武帝初改为司空，均为“三公”之一。以后各朝多有变化。

⑩国史：史官，是中国历代均设置专门记录和编撰历史的官职。

⑪行人：官名。《周礼·秋官》有行人。春秋、战国时各国都有设置。汉代大鸿胪属官有行人，后改称大行令。明代设行人司，复有行人之官，掌传旨、册封、抚谕等事。

⑫方：道理，常规。《周易·恒》：“君子以立不易方。”

⑬用：因此。

⑭与一材同用好：意思是偏好某种才能。

⑮处权：当权。

【译文】

以上所论十二种才能的人，都适合担任朝廷大臣，善于使用各种人才的君主不包括其内。明君，应是聪明平淡，让各种有才能的人各司其职、各尽其才而不会事必躬亲地亲自担当起处理日常事务的工作。所以主德之道确立，那么上述十二种人才就能各自按照才能得到合理任用。具备清节家品德的人，被放到官位尊显的师氏位置上最好。具备法家才能的人，被放到主管刑狱的司寇的位置上最合理。具备谋划才能的人，被放到三孤的位置上。德、法、术三才具备的人，被放到三公的位置上。三才具备但比前者稍差的，被放到冢宰的位置上。褒贬人物评论是非的人，可以让他担任师氏的副手。善权变智谋的人，其地位比冢宰要低一等。能在具体官位上胜任的人，被放在主管制器、工程的司空的位置上。具有传播圣人之业才能的人，被放到安抚百姓的位置上。具有撰写文章才能的人，被放到国史的位置上。具有论辩才能的人，被放到行人的位置上。骁勇雄悍的人，被放到将帅的位置上。这就叫作明君之道能确立则臣子之道即可按部就班，各种人才都能找到合适的位置，那么太平盛世就会出现。如果君王不甘心平淡无为，不论大事小事都亲自处理，只对某一类型的人才感兴趣，则此一类型的人才容易掌握权势，会出现其他各种才能的人失去发挥才能的混乱局面。

材理第四

【原文】

夫建事立义，莫不须理①而定。及其论难，鲜②能定之。夫何故哉？盖理多品③而人异也。夫理多品，则难通。人材异，则情诡④。情诡难通，则理失而事违⑤也。

【注释】

①理：道理，事理，事情发展的规律。《周易·坤》："君子黄中通理。"孔颖达疏："黄中通理者，以黄居中，兼四方之色，奉承臣职，是通晓物理也。"

②鲜：很少。

③品：种类。

④诡：差异，不同。

⑤违：相反。

【译文】

事业的确定及所制定的相关规章制度，没有不按原则来决定的；等到发生争论时，却很难获得一致的定论。为什么会出现这种情况呢？主要是因为观点多、才智见识也有不同的人多。观点太多造成各抒己见则彼此无法沟通，人拥有的才能不同，立场不同，情况不同则所持的观点就会不一样。人情复杂难以沟通，就不能达成共识，则会失去原则而出现事与愿违的现象。

【原文】

夫理有四部①，明有四家②，情有九偏③，流有七似④，说有三失⑤，难有六构⑥，通有八能。

【注释】

①理有四部：即下面所说道理、义理、事理、情理。

②明有四家：即四种道理的外在表现。明，公开，明显。此指外在表现。

③偏：片面，偏失。

④流有七似：似，即似是而非。

⑤说有三失：说，指能言善辩但于理不通。

⑥构：构成。

【译文】

道理有四种，因而产生外在的表现有四种，会产生九种偏失的性情，形成七种似是而非的现象，在辩论过程中最容易发生三种疏失，诘难常见六种不良后果，与人沟通有八种技能。

【原文】

若夫天地气化[①]，盈虚损益，道[②]之理也。法制正事[③]，事之理也。礼教[④]宜适，义[⑤]之理也。人情枢机[⑥]，情之理也。

【注释】

①气化：中国古代哲学术语。指阴阳之气的变化。亦以喻世事的变迁。宋·张载《正蒙·太和》："由太虚，有天之名；由气化，有道之名。"

②道：世间万物发展变化的规律。

③正事：政事。正，通"政"。

④礼教：符合社会整体利益的行为准则。

⑤义：中国古代一种含义极广的道德范畴。本指公正、合理而应当做的。

⑥枢机：指事物运动的关键。《周易·系辞上》："言行，君子之枢机。"《国语·周语下》："夫耳目，心之枢机也。"

【译文】

天地间阴阳二气所化成孕育的万物，都有盈虚损益的变化规律，这是世间万物发展变化规律的道理。通过法律制度治理政事使所有事情都有合理的结果，此为行事之理。推行礼教而因事制宜地教育人们的行动，此为合义之理。通过观察了解人情的语言和性情而顺从民意，此为关于性情的道理。

【原文】

四理不同，其于才也，须明而章[①]，明待质[②]而行。是故质于理合，合而有明，明足见[③]理，理足成家。是故质性平淡，思心玄微[④]。能通自然，道理之家也。质性警彻[⑤]，权略机捷[⑥]。能理烦速[⑦]，事理之家也。质性和平，能论礼教，辩其得失，义礼之家也。质性机解[⑧]，推情原意[⑨]，能适其变，情理之家也。

【注释】

①章：方式，方法，规律。

②质：指人的先天资质。

③见：同“现”。

④玄微：玄远微妙。

⑤警彻：敏锐透彻。

⑥机捷：机智敏捷。

⑦烦速：繁杂急迫的事务。

⑧机解：机敏聪颖有悟性。

⑨推情原意：推想性情追溯本意。原，同“源”。

【译文】

道理、事理、义理、情理各有不同，懂得这些理的人才，必须是有聪慧明达的才智并遵循一定的方法，聪明是由人的先天资质实现的。因此具备聪明的先天资质须与所需之理相合，这样才能彰显其鲜明的性格特征，鲜明的特征足以理解世间道理，理解道理足以自成一家。因此人才的资质与道理相吻合，性情平正淡泊，吻合了就会有其外部表现，思虑深远充分了道理也就体现出来了，能通晓自然的道理就形成了一家之理，所以资质平和恬淡，思考玄远微妙的事物，与自然相通，就是道理之家的表现。资质敏锐观察透彻，灵活有谋机智敏捷，能处理繁杂急迫的事务，就是事理之家的表现。资质性情温和平缓，能论说道理教化，论说其中的得失，就是义理之家的表现。资质性情机敏聪颖有悟性，能够推想性情追溯人心本意，适应人情的变化，就是情理之家的表现。

【原文】

四家之明既异，而有九偏之情。以性犯[①]明，各有得失。刚略之人，不能理微。故其论大体，则弘博而高远；历[2]纤理，则宕往而疏越[3]。抗厉之人，不能回挠[4]。论法直[5]，则括处[6]而公正。说变通，则否戾[7]而不入。坚劲之人，好攻其事实。指机理[8]，则颖灼[9]而彻尽。涉大道，则径露而单持[10]。辩给之人，辞烦而意锐。推人事，则精识而穷[11]理；即大义，则恢愕而不周[12]。浮沉之人[13]，不能沉思。序疏数[14]，则豁达而傲博[15]。立事要，则爁炎[16]而不定。浅解之人[17]，不能深难。听辩说，则拟锷[18]而愉悦。审精理，则掉转而无根[19]。宽恕之人，不能速捷。论仁义，则弘详[20]而长雅。趋时务，则迟缓而不及。温柔之人，力不休强[21]。味道理，则顺适而和畅；拟疑难[22]，则濡懦而不尽。好奇之人，横逸[23]而求异。造权谲，则倜傥而瑰壮[24]；案清道，则诡常而恢迂[25]。

【注释】

①犯：进攻，伤害。

②历：审视，察看。班彪《王命论》："历古今之得失，验行事之成败。"

③宕往：豪纵不羁。疏越：疏忽遗漏。

④回挠：屈服。

⑤论法直：论说法律所适用的地方。直，同"置"，放置，安置。此处的意思是"把法律放置在……地方"，意即"法律所适用的地方"。

⑥括处：执法审察刑狱。括，法。扬雄《法言·修身》："其为中也弘深，其为外也肃括，则可以提身矣。"李轨注："括，法也。"处，审察。

⑦否戾：乖戾、悖谬，不合情理。

⑧机理：事物变化的道理。

⑨颖：尖锐。灼：鲜明。

⑩径露：直截了当。单持：所持义理单薄。

⑪穷：尽。

⑫恢愕：恢廓直率。不周：不齐全，不周到。

⑬浮沉之人：性情浮躁不沉稳的人。浮沉，偏指浮躁不沉稳。

⑭疏数：疏密，远近，亲疏。

⑮傲博：此指范围广大。傲，同“敖”，游走。

⑯爁（làn）炎：火焰飘动的样子。

⑰浅解之人：理解问题肤浅的人。

⑱拟锷：类似锋利的剑刃。锷，刀剑的刃。《庄子·说剑》：“天子之剑，以燕溪石城为锋，齐岱为锷，晋魏为脊，周宋为镡，韩魏为夹。”把别人的辩说看作像剑刃一样犀利。

⑲掉转而无根：颠三倒四没有根据。

⑳弘详：宽宏和顺。详，通“祥”，和顺。《左传·成公十六年》：“德、刑、详、义、礼、信，战之器也。”杨伯峻注：“祥、详两字本可通假。祥即事鬼神之应有态度，顺也，善也。”

㉑休强：盛美强壮。

㉒拟疑难：决断处理疑难问题。拟，指向。

㉓横逸：纵横奔放。

㉔倜傥：卓异，不同寻常。瑰壮：瑰丽雄壮。

㉕恢迂：迂阔，不切实际。

【译文】

道理、事理、义理、情理四家的特征各有不同，而会产生九种偏颇的性情。因性情侵扰而使外部表现受到损害，就使道理、事理、义理、情理四家各有失有得。性情刚烈粗犷的人，不能处理细微的事，所以他在论说事物概貌时，会显得博大而高远；而在审察细微的道理时，则会豪纵不羁疏忽遗漏。性情高尚严正的人，不能屈服折节，论说法律所适用的地方时，会执法审察刑狱公正不偏；而在谈论灵活变通方面，则会出现悖谬不合情理。性情坚定强劲的人，喜好钻研具体事务的真实情况，在谈论具体事物变化的道理时，敏锐鲜明而明白透彻；而在谈论宏观道理时，则直截了当所持义理单薄。能言善辩之人，语词丰富而情意急切，推断人事时，会见识精深道理深透；而在碰到大的道理时，则恢廓直率而不周到。性情浮躁不沉稳的人，不能深入思考，排列疏密远近亲疏顺序时，会豁达范围广大；而确立事物的关键时，则会像火焰一样飘忽不定。理解问题肤浅的人，不能深刻地问难，听到别人的辩说时，会认为得到像剑刃一样犀利语言而心怀喜悦；而在审察精深的道理时，就会颠三倒四没有根据。性情宽厚能体察别人心理的人，不能迅速敏捷地反应，谈论仁义时，会宽宏和顺高尚文雅；追赶时务潮流时，则会迟缓而落后。性情温柔的人，力量不强壮，体味道理时，会顺应平和顺畅；决断处理疑难问题时，则会软弱迟疑犹豫不决。好标新立异的人，纵横奔放追求新奇，制造权谋实行诡诈时，会不同寻常瑰丽雄壮；探究清正无为之道，则偏离常理而空疏难通。

【原文】

此所谓性有九偏[①]，各从其心之所可以为理。若乃性不精畅[②]，则流有七似。有漫谈陈说[③]，似有流行[④]者。有理少多端，似若博[⑤]意者。有回说合[⑥]意，似若赞解[⑦]者。有处后持长[⑧]，从众所安，似能听断者。有避难不应，似若有余，而实不知者。有慕通口解[⑨]，似悦而不怿者[⑩]。有因[⑪]胜情失，穷而称妙。跌则掎蹠[⑫]。实求两解，似理不可屈者。凡此七似，众人之所惑也。

【注释】

①偏：不正。

②精畅：纯正畅达。

③陈说：旧理论。

④流行：指正在盛行的学说。

⑤博：宏大广博。

⑥合：附和。

⑦似若赞解：表面上称赞别人说得好，心里对别人所说并不理解。

⑧处后持长：在别人谈论后发表意见，持赞许态度。

⑨慕通口解：仿效那些精通道理的人马上说出。

⑩似悦而不怿者：好像因明白而高兴，实际上并没明白。

⑪因：往，趋赴。《国语·郑语》：“公曰：‘谢西之九州，何如？对曰：‘其民沓贪而忍，不可因也。’”韦昭注：“因，就也。”

⑫掎蹠：掎踞，勉强坚持以为依据。

【译文】

这就是人们所说的性情的九种偏颇，他们分别把自己心中认为是对的东西作为普遍适用的道理。至于那些性情不纯正畅达的人，则有七种似是而非的表现。有的人大谈陈旧学说，好像他的学说时下正在盛行。有的人口若悬河讲道理并不充分却涉及广泛，好像其学说含义宏大广博。有的人附和别人的意思进行答复，表面上称赞别人说得好，心里对别人所说道理并不理解。有的人在别人谈论后发表意见，持赞许态度，顺从众人认为可靠的观点，其实却无法判断出谁是谁非。有的人实际上并不明白别人所说，但假装加以轻视不予回应，好像已经知道，但实际上并非如此。有的人仿效那些精通事理的人马上加以回应，好像因有所悟而显出高兴的样子，实际上并不高兴。有的人因追求在论辩中取胜而失去常情，已经词穷还自以为妙而难以尽意，理已屈还勉强坚持牵强附会，理屈词穷心里想着和对方停止辩论，而嘴上却滔滔不绝地说，让旁听的人认为他并没有被说服。以上七种似是而非的表现，往往让众人迷惑，分辨不清。

【原文】

夫辩有理胜，有辞胜。理胜者，正[①]白黑以广论，释微妙而通之。辞胜者，破正理以求异，求异则正失矣。夫九偏之材，有同、有反、有杂。同则相解，反则相非，杂则相恢[②]。故善接论者，度[③]所长而论之。历之不动，则不说也。傍无听达，则不难也。不善接论者，说之以杂反[④]。说之以杂反，则不入矣。善喻者，以一言明数事。不善喻者，百言不明一意。百言不明一意，则不听也。是说之三失也。

【注释】

①正：辨别，区分。

②恢：宏大宽广。此引申为相容。

③度：推测。

④杂反：论点混杂相反。

【译文】

辩论有以道理取胜，有以言辞取胜。以道理取胜的，辨别黑白是非以使自己的理论得到推广，解释微妙的道理使别人通晓明白。以言辞取胜的，打破正理求得异说，追求异说则就失去了正理。九种性情偏颇的人才，其性情有同、反、杂三种。性情同的则会与别人的观点融为一体，性情反的就会与别人的观点互相非难，性情杂的则能容纳别人的观点。所以善于和别人交谈的，会忖度对方的长处而与之谈论。自己的意见不能说动对方，就暂时不说。旁边没有通达的人听，就不提出非难了。不善于和别人交谈的，而这样用混杂相反的论点与别人论说，而这样就会与对方的想法格格不入。善于开导别人的，能用很少的语言说明很多的事情。不善于开导别人的，说很多话也说不明白一个意思。说很多话也说不明白一个意思，别人就不会听了。这是论说方面的三个失误。

【原文】

善难者，务释事本[①]。不善难者，舍本而理末。舍本而理末，则辞构[②]矣。善攻强者，下[③]其盛锐。扶其本指[④]，以渐[⑤]攻之。不善攻强者，引其误辞，以挫其锐意。挫其锐意，则气[⑥]构矣。善蹑[⑦]失者，指其所跌。不善蹑失者，因[⑧]屈而抵其性。因屈而抵其性，则怨[⑨]构矣。或常所思求，久乃得之。仓卒谕人，人不速知，则以为难谕。以为难谕，则忿[⑩]构矣。夫盛难之时[⑪]，其误难迫[⑫]。故善难者，征之使还。不善难者，凌而激之[⑬]，虽欲顾藉，其势无由。其势无由，则妄[⑭]构矣。凡人心有所思，则耳且不能听。是故并思俱说，竞相制止，欲人之听己。人亦以其方思之故，不了己意，则以为不解。人情莫不讳不解。讳不解，则怒[⑮]构矣。

【注释】

①事本：事情的根由。宋·叶适《上韩提刑启》："忽被郡除，莫知事本。"

②辞构：言辞构成。

③下：使……减低。

④扶其本指：顺着他本来的意旨。指，通"旨"。

⑤渐：逐步。

⑥气：愤怒。

⑦蹑：同"摄"，提起，拿住。

⑧因：趁着。

⑨怨：怨恨，比生气更强烈的情绪。

⑩忿：愤怒，比怨恨更激烈的情绪。

⑪盛难之时：气盛而出现语言错误的时候。

⑫其误难迫：其错误应该回避，不要进一步逼迫。迫，逼近，逼迫。

⑬凌而激之：侵犯欺侮他使他的反应更激烈。

⑭妄：胡乱，随便。此指随意乱说，恣意诋毁。

⑮怒：比忿更强烈的情绪。

【译文】

善于质问辩驳的人，善于掌握辩论的重点抓住根本而舍去末节。不善于质问辩驳的人，则舍去根本而去注意末节。舍去根本而去注意末节，则就构成了言辞烦冗，废话连篇，再则构成言辞上无休止的争论。辩驳中善于战胜强大对手的人，先使对手的盛锐之气减低，然后顺着他本来的意旨，逐步地批驳他。不善于进攻强大对手的人，往往找出对手语言上的失误，以此来挫败他的锐气。用这样的方法挫败对手的锐气，就会使他说话和表情都显出生气的情绪。善于利用对手过失的人，当对手出现失误时，对着他的失误不去进逼。不善于利用对手过失的人，趁他理屈的时候进一步挤压使他受挫。趁他理屈的时候挤压他，则会使他在心里结成怨恨的情绪。有的人自己常常思考寻求道理，经过很长的时间才有所发现。然而他却让别人马上接受这个道理，别人不能马上接受，就以为别人难以理喻。把别人看作难以理喻的人，别人就会因愤怒而与之争辩。当别人气盛而出现语言错误的时候，对其错误应该回避，不要进一步逼迫。所以善于对待别人语言错误的人，会指出他的错误且让他有挽回的余地。不善于对待别人语言错误的人，会借此侵犯欺侮他，使他作出更激烈的反应，对手即使顾念爱惜自己的面子，但却无法挽回。无法挽回，就会使他随意乱说，恣意诋毁。但凡人在思考问题的时候，往往不能同时听到别人在说什么。所以在别人思考的同时去和他谈话，制止别人的思考，只想让人家听自己的，别人因为正在思考的缘故，没有听进去，就以为人家不了解自己的意图。忌讳别人说不了解是人之常情，因为忌讳别人说自己不了解，便造成了无比愤怒的情绪。

【原文】

凡此六构，变[①]之所由兴也。然虽有变构，犹有所得。若说而不难，各陈所见，则莫知所用[②]矣。由此论之，谈而定理者，眇[③]矣。必也聪能听序[④]，思能造端[⑤]，明能见机[⑥]，辞能辩意，捷能摄失，守能待攻，攻能夺[⑦]守，夺能易予[⑧]。兼此八者，然后乃能通于天下之理。通于天下之理，则能通人矣。不能兼有八美，适有一能[⑨]。则所达者偏，而所有异目[⑩]矣。

【注释】

①变：同“辩”。

②莫知所用：不知道哪种道理是有用的。

③眇（miǎo）：盲目。

④序：次序。

⑤造端：开始，开端。《中庸》：“君子之道，造端乎夫妇；及其至也，察乎天地。”

⑥见机：从事物细微的变化中预见其先兆。《周易·系辞下》："君子见几而作，不俟终日。"机，通"几"，指事物的迹象、先兆。

⑦夺：压倒，胜过。

⑧易予：（在辩论中）改变对方认可（的观点）。予，认为，认可。

⑨适有一能：只有一种才能。适，仅仅。

⑩异目：各自以偏才巧立名目建立自己的名声。

【译文】

由此构成的六种偏失，是辩论时产生各种变化的根源。然而在辩说中虽有各种情绪的变化构成，最终还是要以确定的真理来取得成功。如果只有述说而没有辩论质疑，只是各自陈述自己的意见，就不知道哪种道理是可用的了。因此可以说，泛泛而谈没有辩论而确定的道理，是盲目的。必须做到听力敏锐得能分辨声音大小细微的差别，思虑深远得能够追溯到事物的开端，眼光敏锐得能够察觉到事物变化的先兆，言辞巧妙得能够表达心中的想法，处事敏捷得能够弥补一时的失误，防守坚强得能够挡住强敌的进攻，进攻凌厉得能够战胜严密的防守，争夺巧妙得能够用对方的弱点制服对方。同时具备这八种能力，然后才能通晓天下的道理。通晓天下的道理，就能够透彻地了解人了。不能够同时具备这八种才能，而只有一种才能，所获得的成就是偏颇的，而且是各自以偏才巧立名目建立自己名声的。

【原文】

是故聪能听序，谓之名物[①]之材。思能造端，谓之构架[②]之材。明能见机，谓之达识之材。辞能辩意，谓之赡给之材。捷能摄失，谓之权捷[③]之材。守能待攻，谓之持论[④]之材。攻能夺守，谓之推彻[⑤]之材。夺能易予，谓之贸说[⑥]之材。

【注释】

①名物：辨明物理。汉·董仲舒《春秋繁露·实性》："《春秋》别

物之理以正其名，名物必各因其真。”

②构架：运筹决策，构思设计。鲁迅《坟·文化偏至论》：“此非操觚之士，独凭神思构架而然也。”

③权捷：敏于应变。

④持论：提出并坚持自己的主张。

⑤推彻：推倒，拆毁。指在辩论理论上摧垮对方。

⑥贸说：擅长论辩。

【译文】

因此，善于听人之见解而能有条不紊，可以称作名物之才；善于思虑深远思考道理而能知事物开端的人，可以称作构架之才；眼光敏锐善于明察事理而能看见变化先兆的人，可以称作达识之才；善于运辞措意而能清楚表达心中想法的人，可以称作赡给之才；善于反应敏捷而能弥补一时失误的人，可以称作权捷之才；善于坚守自我而能抵挡论敌进攻的人，可以称作持论之才；善于攻击而能用对方弱点突破制伏对方的人，可以称作推彻之才；善于夺人之所守而能为我所有，可以称作资说之才。

【原文】

通材之人，既兼此八材，行之以道。与通人言，则同解而心喻。与众人[①]言，则察色而顺性。虽明包众理，不以尚人[②]。聪睿资给，不以先人[③]。善言出己，理足则止。鄙误在人，过而不迫。写[④]人之所怀，扶人之所能。不以事类犯人之所婟[⑤]，不以言例及己之所长[⑥]。说[⑦]直说变，无所畏恶。采虫声之善音，赞愚人之偶得。夺与有宜，去就不留[⑧]。方[⑨]其盛气，折谢不吝[⑩]。方其胜难，胜而不矜。心平志谕，无适无莫[⑪]。期[⑫]于得道而已矣。是可与论经世而理物[⑬]也。

【注释】

①众人：一般的人。

②尚人：高人一等。

③先人：凌驾于人。

④写：倾泻。汉·董仲舒《春秋繁露·考功名》：“其为天下除害也，若川渎之写于海也。”

⑤媢（hù）：嫉恨。

⑥长：优点，长处。

⑦说：说服、劝导。

⑧留：拖延，迟滞。

⑨方：正当，正在。

⑩折谢不吝：不惜弯腰致歉。

⑪无适无莫：没规定该如何，也没规定不该如何。指在坚持一定目标下，善用灵活权宜手段。《论语·里仁》：“子曰：‘君子之于天下也，无适也，无莫也，义之与比’。”朱熹集注：“适，专主也。”

⑫期：期望、期待。

⑬经世：治理国事。理物：治理事物。

【译文】

具备各种才能的人，既兼有此八种才能，在实践中实行能按正确的原则和方法。与通才之人谈论，见解相同时能心灵默契；和一般人交谈，则察言观色并顺从他们的性情。即使其明白之理足以包容众人之理，但不因此而自以为高人一等；即使聪明和睿智足以运用自如，但并不因此而凌驾于众人之上；自己发出正确的言论，理据充分则不再多言；别人出现低下的错误，看到这些错误也不去逼迫追究。理解和表达对方内心所想，协助对方发挥所具有的才能；不借题嘲讽对方所忌讳的，不借机用言辞与事例炫耀自己的长处；无论劝说正直刚毅的人还是劝说权变诡诈的人，都无所畏惧、无所厌恶。采纳嘈杂的虫声中的善曲，称赞愚人的偶然所得；攻守或进退能掌握合适的分寸，获得和给予都恰到好处，离开或留下都毫不迟疑，舍弃与接受不滞留个人的成见；当其气势正盛之时，避其锋芒而点到即止；在辩论中获胜，获胜也不会盛气凌人。心气平和而志向明畅，没有适合与漠视，只期望获得真理而已，达到这种境界便可以与其论说经营天下之道、治理万物之事。

卷　中

材能第五

【原文】

材能[①]大小，其准[②]不同。量力而授[③]，所任乃济[④]。

【注释】

①材能：通“才能”，能力，资质。

②准：名词，标准，准则。

③量：动词，衡量，估计。授：动词，授予，给予。

④乃：副词，才。济：动词，成功。

【译文】

（一个人）才能的大小，他的标准是不一样的。衡量他的能力而授予其职责，他才能做好所承担的事情。

【原文】

或[①]曰：“人材有能大而不能小，犹函牛之鼎不可以烹鸡[②]。”愚[③]以为此非名也。夫能之为言，已定之称。岂有能大而不能小乎？凡所谓能大而不能小，其语出于性有宽急。性有宽急，故宜有大小。宽弘之人，宜为郡国[④]，使下得施其功[⑤]，而总成其事。急小之人[⑥]，宜理百里[⑦]，使事办于己。然则郡之与县，异体之大小[⑧]者也。以实理宽急论辨[⑨]之，则当言大小异宜，不当言能大不能小也。若夫鸡之与牛，亦异体之小大也，故[⑩]鼎亦宜有大小。若以烹犊，则岂不能烹鸡乎？故能治大郡，则亦能治小郡矣。推此论之，人材各有所宜，非独大小之谓也。

【注释】

①或：代词，有的人。

②犹：动词，好像，如同。函：动词，容纳。烹：动词，烹煮。

③愚：代词，我，自称的谦辞。

④为：治理。郡国：郡与国，二者是同级地方行政单位。秦行郡县制度，汉承秦制，同时又分封同姓诸国。国分封诸王、侯，封王之国称王国，封侯之国称侯国。南北朝仍沿郡、国并置之制，至隋始废国存郡。此处郡国指郡级行政单位。

⑤使下得施其功：使下属各自发挥自己的才干。

⑥急小之人：性情急躁、气度狭小的人。

⑦百里：指小县。

⑧异体之大小：物体大小的差异。

⑨辨：动词，论证，分辨。

⑩故：副词，所以。

【译文】

有人说：人的才能有能做大事而不能做小事的，犹如可以容得下大牛的鼎而不能用来烹煮小鸡，在下认为这是不正确的。对能力的大小的谈论，已由人的本质决定了其称谓，怎么会有能做大事而不能做小事的道理呢？凡是提出能做大事而不能做小事的论点的人，是出于人的性格有宽宏和急躁之分；性格有宽宏和急躁之分，因此适合可做的事有大、小之别。性情宽宏的人，适宜治理郡国，能够使下属各自发挥自己的才能（做好本职工作），自己进行统筹后成就事业；性情急躁的人，适宜治理方圆百里的小县，各种琐碎小事都由自己处理。然而郡国与县乡相比较，只是不同内涵上的大小；从实际治理时区分宽宏和急躁的性格的角度来论证，则应当表明能力大小不同而所适宜的职位也不同，不能说能治理大地方的人而不能治理小地方。至于说小鸡与大牛，只是不同内涵上的大小，因此所用的鼎也就有大小之别；如果能用来烹煮牛犊，则怎么会不能用来烹煮小鸡呢？因此能治理大的郡国，则也能治理小的郡县。由此而推论，人才的使用各自有其适合的位置，并非仅仅是靠区分概念上的大小。

【原文】

夫人材不同，能各有异。有自任之能①；有立法使人从之之能；有消息辨护②之能；以德教师③人之能；有行事使人谴让④之能；有司察纠摘⑤之能；有权奇⑥之能；有威猛⑦之能。

【注释】

①自任：自我修养洁身自好。能：名词，能力。

②消息：变化。辨护：动词，辩论、周旋。此指用智谋权术治理修护政事及制度。

③以：副词，用。教师：动词，教导。

④谴让：动词，检讨自己。

⑤司：动词，掌管。察：动词，监察。纠：动词，纠正。摘：动词，指正。

⑥权奇：用奇谋妙计建立功业。

⑦威猛：形容词，威武勇猛。

【译文】

人才各有不同，才能也各有其异。有的人才有自我修养洁身自好的才能；有的人才有建立法律制度使人服从的才能；有的人才有在变化中周旋自如，用智谋权术治理修护政事的才能；有的人才有以德教人为人师表的才能；有的人才有充任使节对别国进行谴责的才能；有的人才有督察是非检举揭发的才能；有的人才有用奇谋妙计建功立业的才能；有的人才有勇猛刚毅震慑敌国的才能。

【原文】

夫能出于材①，材不同量②。材能既殊③，任政亦异④。是故⑤自任之能，清节之材也。故在朝也，则冢宰[6]之任，为国则矫[7]直之政。立法之能，治家[8]之材也。故在朝[9]也，则司寇[10]之任，为国则公正[11]之政。计策[12]之能，术家之材也。故在朝也，则三孤[13]之任，为国则变化之政。人事[14]之能，智意之材也。故在朝也，则冢宰之佐[15]，为[16]国则谐[17]合之政。行事[18]之能，谴让之材也。故在朝也，则司寇之佐，为国则督责之政。权奇之能，伎俩之材也。故在朝也，则司空[19]之任，为国则艺[20]事之政。司察之能，臧否[21]之材也。故在朝也，则师氏之佐，为国则刻削[22]之政。威猛之能，豪杰之材也。故在朝也，则将帅[23]之任，为国则严厉之政。

【注释】

①材：名词，资质。

②量：副词，多少。

③殊：形容词，不同。

④异：形容词，不同。

⑤是：代词，这。故：名词，原因。

⑥冢宰：名词，宰相。

⑦矫：动词，矫正。

⑧家：名词，有专长或从事某种职业的人。

⑨朝：名词，朝廷。

⑩司寇：名词，掌管刑狱的官职。

⑪公正：动词，矫枉过正。

⑫计：动词，谋划，商议。策：名词，计策。

⑬三孤：掌管献计策的职务。

⑭事：使动用法，使……服从。

⑮佐：名词，助手。

⑯为：在。

⑰谐：动词，协调。

⑱行：动词，处理。事：名词，事件。

⑲司空：管理制作器具的官职。

⑳艺：名词，工艺。

㉑臧：形容词，善。否：形容词，恶。

㉒刻：动词，抑制。削：动词，减弱。

㉓将帅：负责行军作战的官职。

【译文】

能力出自天生的材质，材质不能用标准衡量的，材质与能力既然有不同，适合从政的职务也不同。所以，有以身作则、总揽朝政的能力，属于清节之材，因此若在朝廷，则可担任冢宰（宰相）的职务；治理国家，可以负责矫枉过正的政务。有确立法度而使人服从的能力，属于法家之材，因此若在朝廷，则可担任审案定刑的“司寇”的职务；治理国家，则负责秉公执法的政务。有出谋划策的能力，属于术家之材，因此若在朝廷，则可担任献计献策的“三孤”的职务；治理国家，则能应对各种变化的政务。善于周旋并说服别人的能力，属于智意之材，因此若在朝廷，则可担任总揽政务的“冢宰”的助手；治理国家，可以负责协调处理各种关系的政务。善于处理复杂事务合情合理的能力，属于谴让之材，因此若在朝廷，可担任审案定刑的“司寇”的助手；治理国家，可以负责督察问责方面的政务。具有权变、构思巧妙的能力，属于伎俩之材，因此若在朝廷，则可担任器物制作的“司空”的职务；治理国家，可以负责营造和工艺等方面的政务。有辨别是非的能力，属于臧否之材，因此若在朝廷，则可担任辨别是非的“师氏”的助手，治理国家，可负责抑恶扬善的政务。有威严勇猛的能力，属于豪杰之材，因此若在朝廷，可担任行军作战的“将帅”；治理国家，可以负责打击暴力行为的政务。

【原文】

凡[①]偏材之人，皆[②]一味之美。故长[③]于办一官，而短[④]于为一国。何[⑤]者？夫一[⑥]官之任，以一味协[⑦]五味。一国之政，以无味和[⑧]五味。又国有俗化[⑨]，民有剧[⑩]易，而人材不同，故政有得[⑪]失。

【注释】

①凡：副词，所有。

②皆：副词，都。

③长：动词，擅长。

④短：动词，不足。

⑤何：代词，为什么。

⑥一：代词，一方。

⑦协：动词，帮助。

⑧和：动词，调和。

⑨俗：名词，风俗。化：名词，风化，风气。

⑩剧：形容词，剧烈。

⑪得：名词，成功。

【译文】

凡具备某方面特长的“偏材之人”，如同五味之中只有一种美味；所以偏才在一个具体职位上能够发挥其长处，而放在治理国家的重任上则会显出其短处。何以如此？负责某一方面官职的政务，如同用一味去配合五味；一国的政务，如同从无味调和出五味。另外国家有不同的风俗，民情有剧烈和简易；而人的才能彼此各有长短，因此管治上会有成功与失败。

【原文】

是以王化[①]之政宜于统[②]大，以之治小，则迂[③]。辨护[④]之政宜于治烦[⑤]，以之治易[⑥]，则无易。策[⑦]术之政，宜于治难[⑧]，以之治平[⑨]，则无奇。矫抗[⑩]之政，宜于治侈[⑪]，以之治弊[⑫]，则残。谐[⑬]和之政宜于治新，以之治旧，则虚[⑭]。公刻[⑮]之政宜于纠奸，以之治边[⑯]，则失众。威猛之政宜于讨乱[⑰]，以之治善，则暴[⑱]。伎俩之政宜于治富[⑲]，以之治贫，则劳而下困[⑳]。故量[㉑]能授官，不可不审[㉒]也。

【注释】

①王化：王道教化。

②统：动词，掌管。

③迂：形容词，困难。

④辨：动词，区别。护：动词，保护。

⑤烦：烦乱的局面。

⑥易：形容词，安定，平安。

⑦策：名词，策略。

⑧难：危难的时候。

⑨平：形容词，太平。

⑩抗：形容词，刚正。

⑪侈：形容词，奢侈。

⑫弊：形容词，困乏，疲惫。

⑬谐：形容词，和谐。

⑭虚：不见效。

⑮刻：形容词，严厉。

⑯边：边疆。

⑰乱：名词，暴乱。

⑱暴：名词，暴政。

⑲富：富有。

⑳困：形容词，困窘。

㉑量：动词，衡量。

㉒审：动词，考察。

【译文】

所以推行王道教化的方式执政的人，适宜于统辖管理国家重大之事，用这样的人治理细小之事则迂阔难行，不切实际。实行用智谋权术治理修护政治的人，适宜于治理烦乱的局面，以此治理安定的地方则无政绩。

利用策略与权术执政，实行权术谋略政治的人适合治理危难局面，让他们治理太平盛世则不见奇效。采用矫枉抗厉的方式执政的人，适宜于治理奢侈的民风，让这样的人治理贫瘠地区的百姓则会徒劳无功，使百姓困苦不堪。利用和谐及和缓的方法执政，适宜于治理新生事物，以此治理已稳定的事情则不见实效。采用公正严苛的方式执政，适宜于治理纠正奸邪，让这样的人治理边疆则失去民众导致百姓逃亡。推行威慑刚猛政治的人适合讨伐叛乱，用这样的人治理善良的百姓，他们就会对百姓残暴不仁则变为暴政。利用权变、构思巧妙的方法执政，适宜于治理富有之邦，以此治理贫穷之国则劳苦困民。因此衡量能力的不同而授予相应的官职，不可不审慎行事。

【原文】

凡此之能，皆偏材之人也。故或能言而不能行，或能行而不能言。至于国体之人，能言能行，故为众材之隽也。

【译文】

所论述的八种人才的能力，都属于“偏材之人”。这些人有的能说而不能做，有的能做而不能表达。至于“国体之人”，既能说又能做，所以是人才中的佼佼者。

【原文】

人君之能①，异于此。故臣以自任②为能，君以能用人为能。臣以能言为能③，君以能听为能④。臣以能行为能⑤，君以能赏罚为能。所能不同，故能君⑥众材也。

【注释】

①人君之能：指任用群才的君主，怀有不偏不倚的中庸平淡之心，发挥各种人才的能力。

②自任：用自己的能力去建功立业，取得官爵。

③臣以能言为能：臣子以能介绍自己的才能为长处。

④君以能听为能：君主以能兼听臣下之言观臣下之行为长处。

⑤臣以能行为能：臣子以能实践自己所说为长处。

⑥君：统辖，主宰。

【译文】

君主的才能与人臣的才能不同，所以为臣者以恪尽职守的才能去建功立业为优点，君主以善于用人发挥他们的能力为优点；为臣者以介绍自己的才能为优点，为君者以不同的意见观臣下之行为为优点；为臣者以能实践自己所说为长处，为君者以能对人才功过进行公正赏罚为长处。君主的能力与众臣子截然不同，所以君主能够驾驭各种各样的人才。

利害第六

【原文】

盖人业之流，各有利害。夫节清[①]之业著于仪容，发于德行，未用而章，其道顺而有化。故其未达也，为[②]众人之所进；既达也，为上下之所敬。其功足以激浊扬清[③]，师范僚友。其为业也无弊而常显，故为世之所贵。

【注释】

①节清：《墨海金壶·人物志》《龙黔精舍丛书·人物志》均为“清节”。

②为：被。

③激浊扬清：冲去污水，浮起清水，比喻惩恶扬善，赏罚公正。

【译文】

各种人才为官从政的转变过程是不同的，各有各的利弊得失。清节家，突出的表现在于其言行举止上，而这些举止都是来自其高尚的道德品行，这些道德品行在他们未经任用就已展露才华，其施政的方法顺畅而能教育同化他人。这种人在没有获得显贵身份之时，就会被众人所推荐；当他们有了地位之后，会被上层领导及下属所尊敬。清节家的功绩足以惩恶扬善，进而成为同僚亲友的楷模典范。清节家为官从政，没有任何弊端反而会功德显赫，因此清节家被世人所尊崇敬重。

【原文】

法家之业，本于制度①，待乎成功而效。其道前苦而后治②，严而为③众。故其未达也，为众人之所忌。已试④也，为上下之所惮⑤。其功足以立法成治，其弊也为群枉⑥之所仇，其为业也，有敝⑦而不常用，故功大而不终⑧。

【注释】

①制度：制定执行法律法规。

②道：过程。治：治理得井井有条。

③为：为了约束。

④试：任用。《诗经·小雅·大东》："私人之子，百僚是试。"毛亨传："是试，用于百官也。"

⑤惮：敬畏。

⑥枉：弯曲，不正。引申为不合正道邪僻之人。

⑦敝：丢弃，弃置。《礼记·郊特牲》："冠而敝之可也。"陆德明《释文》："敝，弃也。"

⑧终：善终，好的结果。

【译文】

法家的功业，以建立和执行国家的法律制度为其根本，等到成功以后才能见到他的功效。法家开始建立威严的时候会有很大的阻碍，经历一个艰苦的过程，威严建立后才可收到井井有条的治理效果，法家建立威严是为了约束世人。所以他未显达的时候，被众人所忌恨。被任用以后，上下之人都会对他产生敬畏。法家的作用足以建立并执行法律的威严，成就国家的治理情况，他的短处是被众多的邪僻之人所憎恨，他所进行的事业，有时会因为执法太严得罪权贵而被搁置不被常用，所以法家的人往往功劳巨大结果却非常凄惨。

【原文】

术家之业①，出于聪明，待于谋得而章②。其道③先微而后著，精而且玄。其未达也，为众人之所不识。其用也，为明主之所珍。其功足以运筹④通变。其退⑤也，藏于隐微⑥。其为业也，奇而希⑦用，故或沉微⑧而不章。

【注释】

①业：功绩，事业。

②章：显露出来。

③道：政治主张或思想体系。

④筹：算计、策划。

⑤退：退位，离开职位。

⑥藏于隐微：指计谋和谋略的深藏不露。

⑦希：同“稀”，稀少。

⑧沉微：深藏。

【译文】

术家为官从政成就功业，主要聪明敏锐思虑深远为其根本，等到所献的计谋实施见效后才会为人所知。术家施政的思想体系开始时几乎看不到而结果最终会显现壮观，精微而且玄妙。这种人在未被发掘时，普通人都不知道其奇特之处；受到赏识重用发挥作用的时候，必定为开明的君主所珍惜。术家的作用足以运筹帷幄、随机应变而建功立业；功成身退之后，隐藏于几乎无人知的地方。这种人为官从政，有神奇的谋略而很少人懂得重用，因此常被埋没而不为世人所知。

【原文】

智意之业，本于原度[①]，其道顺而不忤[②]。故其未达也，为众人之所容矣。已达也，为宠爱之所嘉[③]。其功足以赞明计虑，其敝也，知进而不退，或离正以自全。其为业也，谞而难持[④]，故或先利而后害。

【注释】

①度：审时度势。

②忤：违逆，抵触。

③嘉：喜欢，嘉许。

④谞（xǔ）而难持：传授运用才智而难以自保。谞，才智。

【译文】

智意之材为官从政的功业，以善于审时度势把握事物变化为其根本，其施政的措施顺应时势而不会逆时而行。因此这种人在未显贵时，很容易被普通人所接受；发达之后，被君主宠爱而获得嘉奖。智意之材的功业足以帮助贤明的君主赞赏明理、计谋远虑，他的缺点在于只知进身而不知道引退，有的时候还会偏离正道以谋求保全自我。智意之材所从事的事业，是运用才智但难以自保，所以有的人开始获利而后来却招致祸害。

【原文】

臧否之业，本乎是非，其道廉而且砭[①]。故其未达也，为众人之所识。已达也，为众人之所称[②]。其功足以变[③]察是非，其敝也，为诋诃[④]之所怨。其为业也，峭[⑤]而不裕，故或先得而后离众。

【注释】

①砭：同“贬”，批评的意思。

②称：认识，认同。

③变：通“辨”。

④诋诃：诋毁，指责。此指诋毁法家的人。

⑤峭：严厉苛刻。

【译文】

臧否之材为官从政的功业，善于明辨是非，以评判是非为其根本。臧否家主张为政清廉而对邪恶行为绝不容忍，这种人在没有得志时，被普通人所认识；臧否之材得志以后，因为是非分明、为人清正受到众人的称赞，其功业足以明察是非、惩恶扬善；其不利之处，就是喜欢斥责别人的过错而被人埋怨。这种人为官从政，严苛而不宽裕，因此有的人开始会得人心取得众人的支持而最后却离众人越来越远。

【原文】

伎俩之业，本于事能[①]，其道辨[②]而且速。其未达也，为众人之所异[③]。已达也，为官司[④]之所任。其功足以理烦纠邪，其敝也，民劳而下困。其为业也，细而不泰[⑤]，故为治之末也。

【注释】

①能：技能。

②辨：同“办”。

③异：突出。

④官司：官府。多指政府的主管部门。

⑤泰：宏大。

【译文】

伎俩之材为官从政的功业，以从事技能性的工作为其根本，善于处理繁杂事务，他施政的措施是通过技巧，不但把事办成而且还要迅速，效率很高。伎俩之材的人在没有得志时，就表现出与普通人不同的技能；从政之后会受到政府的重用成为官员。其作用在于解决难题处理纷繁的事务匡正邪僻；其不足之处，措施烦琐而导致劳民伤财。这种人为官从政小事精明，大事糊涂，只重视细枝末节而无法长治久安，因此难以担当重任只能成为治国之才的末位。

接识第七

【原文】

夫人初甚难知，而士无众寡皆自以为知人。故以己观人，则以为可知也。观人之察人，则以为不识也。夫何哉？是故能识同体①之善，而或失异量②之美。何以论其然③？

【注释】

①同体：同类人才。

②异量：不同类人才。

③然：这样，如此。

【译文】

人的性情的深处是很难知晓的，而读书人不论自己知识多少都认为自己有知人之明。所以看自己对人才的观察，则认为自己能够识别人才。看别人对人才的观察，则认为他不能够识别人才。这是为什么呢？这是因为人能够认识同类人才的长处，有时却认识不到不同类人才的长处。为什么这样说呢？

【原文】

夫清节之人以正直为度，故其历①众材也，能识性行之常②，而或疑法术之诡。法制之人以分数③为度，故能识较方直④之量，而不贵变化之术。术谋之人以思谟⑤为度，故能成策略之奇，而不识遵法之良。器能之人以辨护为度，故能识方略之规，而不知制度之原⑥。智意之人以原⑦意为度，故能识韬谞之权，而不贵法教之常。伎俩之人以邀功[8]为度，故能识进趣[9]之功，而不通道德之化。臧否之人以伺察[10]为度，故能识诃砭之明，而不畅[11]倜傥之异。言语之人以辨析为度，故能识捷给之惠[12]，而不知含章[13]之美。

【注释】

①历：接触。此引申为观察、审视之意。

②常：恒常不变。

③分数：法度，规范。

④方直：说话行事坚持原则不偏不歪，正直，正派。

⑤谟（mó）：谋略，计谋。

⑥原：本源，根本。

⑦原：推究，考究，研究。《荀子·儒效》："俄而原仁义，分是非，图回天下于掌上而辨白黑，岂不愚而知矣哉！"

⑧邀功：求取功劳。

⑨进趣：追求，求取。《后汉书·韦彪传》："安贫乐道，恬于进趣，三辅诸儒莫不慕仰之。"

⑩伺察：侦察，观察。

⑪畅：长。《诗经·秦风·小戎》："文茵畅毂，驾我骐鼻。"毛传："畅毂，长毂也。"

⑫捷给之惠：言辞敏捷、反应迅速的聪慧表现。惠，通"慧"，聪慧。

⑬含章：包含美质。《周易·坤》："六三，含章可贞。"孔颖达疏："章，美也。"

【译文】

清节之人用公平正直作为衡量人才的标准，所以当他与其他人才接触时，能够欣赏性情行为恒常不变具有普遍规律的人才，而有时却怀疑法家和术家不够真诚。法制之人以法律规范作为衡量人才的标准，所以他能够欣赏公正无私、耿直之人的才能，而不看重变化多端术家的人才。

术谋之人以深思熟虑谋划计略为衡量他人的标准，所以他能够评定计策方略的奇妙，而不能认识遵守法度的好处。器能之人以办事得力及能自我保全为衡量人才的标准，所以能够鉴识处理事情有方法和策略的人，而不知道制定法规的根本作用。智意之人以智谋为衡量人才的标准，因此能认识到韬略智谋所获得的利益，而忽略法制和教化长远的重要性。伎俩之人以功名利禄为衡量人才的标准，所以能赏识锐意进取人才取得的功效，却对道德的教化作用不感兴趣。臧否之人以观察别人的短处为衡量他人的标准，所以能够欣赏指责批评的好处，这样的人欠缺洒脱的气度和宽广的胸襟。言语之人以口才为衡量人才的标准，因此这样的人赏识应对如流、口若悬河的人才，而不知含蓄之美。

【原文】

是以互相非驳①，莫肯相是②。取同体也，则接论而相得③。取异体也，虽历久而不知。凡此之类，皆谓一流之材④也。若二至已上⑤，亦随其所兼，以及异数⑥。故一流之人，能识一流之善。二流之人，能识二流之美。尽有诸流，则亦能兼⑦达众材。故兼材之人与国体同。

【注释】

①非驳：非难攻讦。

②是：肯定、确定。

③相得：彼此投合。

④一流之材：同一类型的人才。

⑤上：……以上。

⑥异数：等次不同，程度不一。《左传·庄公十八年》："王命诸侯，名位不同，礼亦异数。"

⑦兼：同时涉及、处理或具有几方面的情况。

【译文】

所以彼此互相否定和辩驳，都不肯认同对方。若是遇到与自己同类型的人才，则讨论的时候就能够融洽相处而有所得益。遇到和自己不同类型的人才相处，则尽管在很长的时间内也不能做到互相了解。凡是这种只欣赏同类的人，都可以称作“偏材”。如果具备两种或者两种以上才能的人，其所结识的人才也将随其所具有的才能而增加。达到不同的等级。所以具备一种才能的人，只能赏识一种才能的长处；具备两种才能的人，能赏识两种才能的特长；具备多种才能的人，就会赏识各个方面的人才。因此兼才之人与国体之才是一样的。

【原文】

欲观其一隅[①]，则终朝[②]足以识之。将究其详[③]，则三日而后足。何谓三日而后足？夫国体之人兼有三材，故谈不三日不足以尽[④]之。一以论道德，二以论法制，三以论策术，然后乃能竭[⑤]其所长，而举之不疑[⑥]。

【注释】

①隅：角落。此指方面。

②终朝：早晨。

③详：本质，内涵。

④尽：全部。

⑤竭：了解。

⑥疑：怀疑，担忧。

【译文】

如果只要了解国体之人其中一种才能，用一天时间就足够了解，如果要全面了解国体之人，那么需要三天的时间才足够。为什么需要三天才足够呢？因为国体之人兼有三种人才的特殊才能，所以不与他谈论超过三天就不足以全面了解他。三天时间里用第一天与他谈论道德修养，第二天谈论法令制度的建立，第三天谈论策略方法，然后才能彻底地了解其所有的长处，就可以举荐提拔任用他担当重任而不疑惑。

【原文】

然则何以知其兼偏①，而与之言乎？其为人也，务以流数杼人之所长而为之名目②，如是兼也。如陈以美欲人称之③，不欲人之有，如是者偏也。不欲知人，则言无不疑。是故以深说浅，益深益异④。异则相返⑤，反则相非。

【注释】

①兼偏：兼才和偏才。

②流数：各类人才所怀有的才能。数，技艺，技巧。《孟子·告子上》："今夫弈之为数，小数也。"赵岐注："数，技也。"此指才能。杼：通"抒"，抒发，申述。名目：称道，标榜。《三国志·魏书·王粲传论》："同声相应，才士并出，惟粲等六人，最见名目。"

③陈以美欲人称之：陈说自己的长处让别人称赞自己。刘昺在解释这句话时说："己之有善，因事自说，又欲令人言常称己。"

④益深益异：道理谈得越深分歧越大。益：越，更加。

⑤相返：相反。

【译文】

然而怎样才能通过与其对话分辨其是"兼材"还是"偏材"呢？如果每个人，能对根据各类人才所怀技能去加以研究分析，肯定他们的长处，并将他们一一归类，这个人就是"兼材"。如果喜欢夸耀自己的长处，想要获得别人对自己称赞，而对别人的长处漠不关心，那么像这样的人就属于"偏材"。因为不想了解别人的优点，则对别人的评论没有不产生怀疑的。所以以深奥的言辞讨论肤浅的道理，讨论越深入则越存在着分歧；有分歧则会产生观点相反，观点相反双方就会互相非难。

【原文】

是故多陈处直①，则以为见美②。静听不言，则以为虚空。抗③为高谈，则以为不逊。逊让不尽④，则以为浅陋。言称一善，则以为不博。历发众奇[5]，则以为多端。先意而言，则以为分美[6]。因失难之，则以为不喻[7]。说以对反，则以为较[8]己。博以异杂，则以为无要[9]。论以同体，然后乃悦[10]。于是乎有亲爱之情，称举之誉[11]，此偏材之常失[12]。

【注释】

①多陈处直：过多地陈说自己处事公正有理。直，公正，有理。

②见美：表现自己的长处。见，同"现"。

③抗：声音高亢。

④逊让不尽：谦虚礼让不全部使出本领。尽，全部使出。《战国策·秦策一》："然而甲兵顿，士民病……伯王之名不成，此无异故，谋臣皆不尽其忠也。"

⑤历发众奇：普遍地揭示众家的奇特之处。历，遍。汉·王褒《四子讲德论》："于是相与结侣，携手俱游，求贤索友，历于西州。"

⑥分美：掠美。此指掠己之美。

⑦不喻：不高兴，不愉快。刘昺在解释这句话时说："欲补其失，反不喻也。"喻，同"愉"，欢愉，愉快。《庄子·齐物论》："昔者庄周梦为胡蝶，栩栩然胡蝶也，自喻适志与。"陆德明《释文》引李颐云："喻，快也。"

⑧较：较量，比高低。

⑨无要：没有要领。

⑩悦：喜悦。

⑪誉：美誉，好名声。

⑫失：错误，失误。

【译文】

所以对偏材之人如果过多地陈说自己处事公正有理，则被对方认为是想炫耀自己；如果安静地倾听而不发表任何言论，就会被认为没有真才实学。如果和对方激烈地进行据理力争，则被认为态度傲慢不懂得谦逊。如果处处谦逊礼让不拿出全部本领，则会被认为见识浅薄寡陋。如果称赞一个人的某些长处，则被认为知识不够渊博；如果普遍地欣赏到很多人的长处，就被认为头绪多而把握不住要领；如果提前说出自己想说的内容，就会被认为分享了他的成果。如果发现他的观点有误而提出质疑，就会被认为你故意让他不高兴；如果提出与其相反的观点意见，就会被认为成心与其一较胜负。如果旁征博引各家不同的观点来论述自己的观点，则被认为没有把握住问题的关键。只有提出的意见与其完全相同的人谈话，偏材才会表现出喜悦，于是进而有了亲近、爱慕的情感，有认可、称赞及举荐的美誉。这就是“偏材之人”在与人谈论时常犯的错误。

英雄第八

【原文】

夫草之精①秀者为英，兽之特②群者为雄。故人之文武茂异③，取名于此。是故聪明秀出谓之英④，胆力过人谓之雄⑤，此其大体⑥之别名也。若校其分数⑦，则互相须，各以二分，取彼一分，然后乃成。

【注释】

①精：精华。

②特：杰出，异常。

③茂异：杰出。

④英：英才，指聪明才智。

⑤雄：雄才，指气魄胆力。

⑥大体：大概。

⑦校其分数：考查他们的比例。校，考查，算计。分数，比例。

【译文】

花草中完美优异的称为英，野兽中出群的称为雄。所以文才武功都出类拔萃的人，人们从中取名为英雄。因为特别聪慧明智突出的人称为英，胆力、武略力量过人的人称为雄，就这是英与雄名称大体上的区别。如果比较其所占的比重，则必须相辅相成，各自占一半，再加上对方的一半，才能真正成为英雄。

【原文】

何以论其然[1]？夫聪明者英之分也，不得雄之胆[2]，则说不行[3]。胆力者雄之分也，不得英之智[4]，则事不立[5]。是故英以其聪谋始，以其明见机，待雄之胆行[6]之。雄以其力服众，以其勇排难，待英之智成[7]之。然后乃能各济[8]其所长也。若聪能谋始，而明不见机[9]，乃可以坐论，而不可以处事[10]。若聪能谋始，明能见机，而勇不能行，可以循常[11]，而不可以虑变[12]。若力能过人，而勇不能行，可以为力人[13]，未可以为先登[14]。力能过人，勇能行之，而智不能断事，可以为先登，未足以为将帅[15]。必聪能谋始，明能见机，胆能决之，然后可以为英，张良[16]是也。气力过人，勇能行之，智足断事，乃可以为雄，韩信[17]是也。体分不同，以多为目[18]，故英、雄异名。然皆偏至之材，人臣之任也。故英可以为相，雄可以为将，若一人之身兼有英、雄，则能长[19]世，高祖、项羽[20]是也。

【注释】

①然：这样。

②胆：胆量，胆识。

③不行：发挥。

④智：机智，谋略。

⑤立：成功。

⑥行：实施，推行。

⑦成：成功。

⑧济：发挥。

⑨机：破绽。

⑩处事：处理事务。

⑪循常：遵循常规。

⑫虑变：思虑变通。

⑬力人：力量超群的人。

⑭先登：先锋，先遣。

⑮将帅：带领军队的统帅。

⑯张良：字子房，汉族，颍川城父人，秦末汉初杰出的谋士、大臣，与韩信、萧何并称为“汉初三杰”。曾劝刘邦在鸿门宴上卑辞言和，保存实力，并疏通项羽叔父项伯，使刘邦得以脱身。后又以出色的智谋，协助汉高祖刘邦在楚汉战争中最终夺得天下，帮助吕后扶持刘盈登上太子之位，他精通黄老之道。不留恋权位，晚年据说跟随赤松子云游。张良去世后，谥为文成侯。

⑰韩信：西汉开国功臣，中国历史上杰出的军事家，与萧何、张良并称为“汉初三杰”。韩信是中国军事思想“谋战”派代表人物，被萧何誉为“国士无双”。秦末参加反秦斗争投奔项羽，后经夏侯婴推荐，拜治粟都尉，未得到重用。萧何向刘邦保举韩信，于是，刘邦拜韩信为大将军。韩信为刘邦分析了楚汉双方的形势，举兵东向，三秦可以夺取。刘邦采纳了这一建议，立即作了部署，很快占取了关中。在楚汉战争中，韩信发挥了卓越的军事才能。平定了魏国，又背水一战击败代、赵。之后，他又北上降服了燕国。汉四年，韩信被拜为相国，率兵击齐，攻下临淄，并在潍水全歼龙且率领援齐的二十万楚军。于是，刘邦遣张良立韩信为齐王，次年十月，又命韩信会师垓下，围歼楚军，迫使项羽自刎。汉朝建立后解除其兵权，徙为楚王。被人告发谋反贬为淮阴侯。

⑱目：名称。

⑲长：副词，顺利迅速地。

⑳高祖：古代帝王的庙号，此处指汉高祖刘邦。项羽：名籍，字羽，秦末下相人，楚国名将项燕之孙，他是中国军事思想“兵形势”代表人物（兵家四势：兵形势、兵权谋、兵阴阳、兵技巧），堪称中国历史上最强的武将之一，古人对其有“羽之神勇，千古无二”的评价。项羽早年跟随叔父项梁在吴中起义，项梁阵亡后他率军渡河救赵王歇，于巨鹿之战击破章邯、王离领导的秦军主力。秦亡后称西楚霸王，实行分封制，

封灭秦功臣及六国贵族为王。而后汉王刘邦从汉中出兵进攻项羽，项羽与其展开了历时四年的楚汉战争，期间虽然屡屡大破刘邦，但项羽始终无法有固定的后方补给，粮草殆尽，又猜疑亚父范增，最后反被刘邦所灭。公元前202年，项羽兵败垓下，突围至乌江边自刎而死。

【译文】

为什么这么说呢？英才具有智慧谋略，却不拥有雄才的胆力，则他的理论和主张就不能付诸实践。雄才具有胆识武力，但如果得不到英才的智慧辅佐，则无法成就大事。所以英才必须先依靠聪明才智出谋划策，以其明智识机微预世事发现对手的破绽，然后依靠有胆识和武力的雄才去实践。雄才用他的力量征服众人，用他的勇气排除困难，还要有英才的智谋策划辅佐才能成功。这样英才和雄才的特长才能够得到充分发挥。如果一个人凭聪慧能够谋划开始，而没有明智从事物细微的变化中预见其先兆找到破绽，那么这样的人可以用他来坐而论道，却不可以用他去处理具体事务。如果一个人以聪明能谋划开始，明智也能识机微预世事，但缺乏勇气去付诸实践，那么这样的人可以用他处理一些遵循常规的事情，而不能让他处理需要随机应变的事情。如果一个人力量超人，却没有勇气付诸行动，这样的人可以把他作为大力士，却不可以任用他做先锋。如果一个人有超人的力气，也有付诸行动的勇气，但智慧不足以决断事务，那么这样的人可以用他做先锋，却不可以任他为将帅。一定要聪慧能够谋划创业，明智能识机微预世事从而把握机会，胆识能够决断疑难，这样的人可以称为英才，张良就是这样的人。胆气力量超过众人，有勇气付诸行动，智慧足以决断事务，就可以成为雄才，韩信就是这样的人。因各自的能力特点不同，人们所具有的禀赋和素质也是不同的，以所含较多的禀赋和素质为名称，所以有英才和雄才不同的名称。然而这两种人都是偏才，都只能担任人臣。因此英才可担任宰相的职务，雄才可担任将帅的职务。如果一个人的身上同时兼有英才和雄才的素质，就可以开创大事业，汉高祖刘邦、楚霸王项羽便是这样的人。

【原文】

然英之分以多于雄，而英不可以少也。英分少，则智者去之。故项羽气力盖世，明能合变①，而不能听采②奇异，有一范增③不用，是以陈平之徒皆亡归。高祖英分多，故群雄服之，英材归之，两得其用。故能吞秦破楚，宅有天下④。然则英、雄多少⑤，能自胜之数⑥也。徒英而不雄，则雄材不服也。徒雄而不英，则智者不归往也。故雄能得雄，不能得英。英能得英，不能得雄。故一人之身，兼有英、雄，乃能役⑦英与雄。能役英与雄，故能成大业也。

【注释】

①合变：与变化合拍，即随机应变。

②听采：听取采纳意见和建议。

③范增：秦末居巢人，参加项梁反秦武装，主张立楚国后裔以为号召，随宋义、项羽救赵，被项羽尊为“亚父”，封历阳侯，为项羽重要谋士。破秦后，力主杀掉刘邦，不被采纳。后与项羽谋议封刘邦为汉王，以削弱其势。楚汉相争中，劝项羽不受刘邦请和，急攻荥阳以灭之。后因刘邦施反间计为项羽所疑，被削职夺权，死于归乡途中。

④宅有天下：把天下作为自己的家，即夺取天下。

⑤英、雄多少：英才的素质与成分和雄才的素质与成分的多少。

⑥自胜之数：决定取胜的关键。自，由来，缘由。

⑦役：驾驭，统率。

【译文】

然而一个英雄的英才素质与成分可以多于雄才的素质与成分，但英才的素质与成分是不可以缺少的。缺少英才成分，则智者会离开他。所以项羽武力过人，有随机应变的聪明智慧，但因为不能听取采纳奇计妙策，有一个范增而不能用，所以导致陈平等人全都脱离他而归顺刘邦。汉高祖刘邦英才的成分多，所以群雄都服膺他，英才也归顺他，两种人都能够发挥作用。所以刘邦能够灭秦破楚，夺取天下。这就说明英才的素质与成分和雄才的素质与成分的多少是决定能否取胜的关键。只有英才素质而没有雄才成分，则雄才不会服膺他。只有雄才素质而没有英才成分，则智者也不会归顺他。所以雄才之人可以得到雄才，不能得到英才。英才之人可以得到英才，不能得到雄才。所以一个人的身上，兼有英才和雄才的素质与成分，才能够驾驭英才与雄才。能够驾驭英才与雄才，所以才能够成就一番伟大的功业。

八观第九

【原文】

八观者，一曰观其夺救[①]，以明间杂[②]。二曰观其感变[③]，以审[④]常度。三曰观其志质[⑤]，以知其名[⑥]。四曰观其所由，以辨依似[⑦]。五曰观其爱敬，以知通塞[⑧]。六曰观其情机[⑨]，以辨恕惑[⑩]。七曰观其所短，以知其长。八曰观其聪明，以知所达[⑪]。

【注释】

①夺救：取舍。

②间杂：复杂。

③感变：对外界变化的感应。

④审：审视，考量。

⑤志质：素质及外在表现。

⑥名：此指社会名声。

⑦依似：近似。

⑧通塞：畅通和阻塞。

⑨机：事物变化之所由。

⑩恕惑：宽宥和疑惑。

⑪达：所成就的事业。

【译文】

有八种观察人的方法：一是观察其人的对恶欲与正义的取舍，就能看清楚是不是有恒心的“间杂之人”。二是观察其人的言谈举止和应变能力，以审视其日常处事态度。三是观察他的素质及外在表现，以此来了解他是否名实相符。四是观察他行为所采用的方式方法，以此来辨别两种近似行为的区别。五是观察其人所爱与所敬，就可以了解人与人之间情感的沟通情况。六是观察他的喜怒哀乐感情变化的缘由，以此辨明他是否能够对别人宽容或疑惑。七是观察他的短处，以此知道他的长处。八是观察他的聪明才智，以此了解他将能成就什么事业。

【原文】

何谓观其夺救，以明间杂？夫质有至、有违①，若至胜违，则恶情夺正，若然而不然②。故仁出于慈，有慈而不仁者。仁必有恤③，有仁而不恤者。厉④必有刚，有厉而不刚者。若夫见可怜则流涕⑤，将分与则吝啬，是慈而不仁者。睹危急则恻隐，将赴救则畏患，是仁而不恤者。处虚义则色厉，顾利欲则内荏⑥，是厉而不刚者。然则慈而不仁者，则吝夺之也。仁而不恤者，则惧⑦夺之也。厉而不刚者，则欲夺之也。

【注释】

①至：无欲。违：有欲。

②若然而不然：似是而非。

③恤：体恤。

④厉：严厉。

⑤涕：哭泣时流出的眼泪。

⑥荏：柔弱，怯弱。

⑦惧：畏惧，害怕。

【译文】

什么叫“观其夺救，以明间杂”？大凡人的质性有正义与恶欲之分，如若恶欲胜过正义，恶欲就会使正气无法显现出来，所以似正而非正。而仁心出自慈悲为怀的天性，却有虽有慈悲的心而无仁义的人；仁义之人必然会体恤他人，却有虽有仁义而不体恤他人的人；严厉必然刚直，却有虽严厉而不刚直的人。有些人见到可怜的人时则会流下同情的眼泪，而将要把自己所拥有的财物分给别人时却很吝啬，这就是有虽有慈悲的心而无仁义的人。有些人看见身处危急之境的人时则会动恻隐之心，而将要前往援助时却会畏惧祸患，这就是虽有仁义而不能体恤的人。而有些虚情假意时则声色俱厉、义正词严的人，顾忌与自己相关的利益和欲望时则内心怯懦，这就是虽有严厉而不刚直的人。假仁假义的人，是吝啬掩盖了慈悲；虚情假意的人，是畏惧多于恻隐；“厉而不刚”的人，是贪欲胜于正义。

【原文】

故曰：慈不能胜吝，无必[1]其能仁也。仁不能胜惧，无必其能恤也。厉不能胜欲，无必其能刚也。是故不仁之质胜，则伎力[2]为害器。贪悖[3]之性胜，则强猛为祸梯。亦有善情救恶，不至为害，爱惠分笃[4]，虽傲狎[5]不离，助善著明[6]，虽疾恶无害也。救济过厚[7]，虽取人，不贪也。是故观其夺救，而明间杂之情，可得知也。

【注释】

①无必：不一定。

②伎力：技艺和能力。

③悖：悖谬。

④笃：深厚。

⑤傲狎：态度傲慢言语不敬。

⑥著明：显著，明显。

⑦厚：慷慨。

【译文】

所以说：当慈悲之心不能战胜吝啬之情时，就不能做到仁爱；当仁爱之心不能战胜畏惧之情时，就不能够体恤他人；当正义之心不能战胜内心的贪欲之情时，就不能做到公正无私。因此如一个人没有仁心占据得多，那么他的技能和力量都成为危害他人的利器；一个人贪婪悖谬之性如果占了上风，那么他的坚强威猛的性格就成为招致祸害的阶梯。也有善良的人救助坏人，这种情况也不造成危害。对于爱心深厚的人，虽然对方态度傲慢言语不敬也不会与之分离；助人一心向善的人光明正大，即使有过分憎恨邪恶的行为也没有害处；救济他人十分慷慨，虽然有时索取他人财物也不算贪婪。所以说仔细观察一个人对恶欲与正义的取舍，其间复杂的情形可以辨明，“观其夺救，以明间杂”的内涵就可以知道了。

【原文】

何谓观其感变，以审常度？夫人厚貌深情，将欲求之，必观其辞旨[①]，察其应赞[②]。夫观其辞旨，犹听音之善丑[③]。察其应赞，犹视知之能否也。故观辞察应，足以互相别识。

【注释】

①辞旨：说话的意图。

②察其应赞：观察他的回答是否得当。

③音：音乐。善：美妙动听。

【译文】

什么是“观其感变，以审常度”？人们往往外表表现得很丰富和充分而把真实感情隐藏得很深，要想探求其内心真实情感，必须要观察他们言辞的核心之意，观察他们的回答是否得当。观察人们言辞核心之意，就好像鉴别音乐的美妙与否；观察人们的言语和反应，犹如看见人运用智慧的能力与否。因此观察言辞及应对，足以彼此辨别认识其内心状况。

【原文】

然则论显扬正[①]，白[②]也；不善言应，玄[③]也；经纬玄白[④]，通也；移易无正[5]，杂[6]也；先识未然，圣也；追思玄事，睿也；见事过人[7]，明也；以明为晦，智也；微忽必识[8]，妙也；美妙不昧[9]，疏也；测之益深，实也；假合炫耀[10]，虚也；自见其美，不足也；不伐[11]其能，有余也。

【注释】

①论显扬正：论说清楚所提倡的正确。

②白：明白。

③玄：心里明白。

④经纬玄白：言辞上、心里头都明白。经纬，掌握运用。

⑤移易无正：随意变动改变观点没有正确的理论观点。

⑥杂：混杂、不清楚。

⑦见事过人：观察事理的能力超乎常人。

⑧微忽必识：极细小的事物也能发现。

⑨昧：隐藏；隐瞒。

⑩假合炫耀：假借别人的观点来炫耀自己。

⑪伐：夸耀。

【译文】

那样就会出现论点鲜明而意旨端正，此为性情坦荡的人；不善言辞及应对，此为深奥玄妙的人；明辨是非，此为通情达理的人；随意变动观点没有正确的理论，是言语和意图都不清楚的人；事物还没形成就预先知道的必然结果的人，此为圣贤；事后可以分析深奥玄妙道理的人，就是睿智的人；观察事理的能力超乎常人的人，则是聪明的人；内心聪明而外表不表露，此为大智若愚的人；极致细微的道理都能了解，此为玄妙莫测的人；对美好奇妙的事物直抒胸臆，则为疏朗的人；越了解就越获益匪浅，此为有真才实学的人；用道听途说的东西炫耀自己，此为虚伪的人。有些人喜欢自吹自擂，唯恐别人不知道自己才学，此为才智不足的人；虽有才能而不矜夸自傲，则是智慧有余的人。

【原文】

故曰：凡事不度[①]，必有其故。忧患之色，乏而且荒[②]。疾疢[③]之色，乱而垢杂。喜色愉然以怿，愠色厉然以扬。妒惑之色，冒昧无常。及其动作，盖并言辞。是故其言甚怿而精色[④]不从者，中有违也。其言有违而精色可信者，辞不敏[⑤]也。言未发而怒色先见者，意愤溢也。言将发而怒气送之者，强所不然也。凡此之类，征见于外，不可奄违[⑥]。虽欲违之，精色不从。感愕[⑦]以明，虽变可知。是故观其感变而常度之情可知。

【注释】

①不度：不合常规。

②荒：通“慌”。

③疾疢：泛指疾病。

④精色：神色。

⑤敏：敏捷，迅速。

⑥奄违：掩盖违背。

⑦感愕：人们由于内心的感受而表现出来的神情。

【译文】

所以说凡是容貌与表情不相符时，必然是有内在原因的。内心忧虑时的表情，精神疲倦而慌张；身有疾病时的表情，面色杂乱而容貌不整洁带有污垢；心情舒畅时的表情为喜形于色；暗暗生气时的表情，严厉的表情非常明显；心怀忌恨时的表情，神色阴晴不定唐突冒昧变化无常。这些情绪都表现在行动和言语当中。因此，说话轻松愉快而表情不悦的人，其中必有相违背的地方；说话不能前后相一致而表情真诚可信的人，言辞表达往往不够敏捷；话还未说出就表现出满脸怒容的人，表示已愤怒填胸而不能自我控制；说话将要说出前就怒气冲冲的人，表示想强迫别人接受不愿接受的结果。诸如此类的现象，表明其内心真实的想法是通过行为举止表现出来，是无法掩饰的；虽然希望去掩饰，神色上也无法掩饰，心中的感觉与口中的直言已清楚表明，即使千变万化也可由外而知内。所以观察一个人言谈举止和表情的变化，只要观察他日常处事态度就可以了解了。

【原文】

何谓观其至质[①]，以知其名？凡偏材之性，二至[②]以上，则至质相发，而令名[③]生矣。是故骨直气清，则休名[④]生焉。气清力劲，则烈名生焉。劲智精理[⑤]，则能名生焉。智直强悫[⑥]，则任名[⑦]生焉。集于端质[⑧]，则令德济焉[⑨]。加之学，则文理灼焉。是故观其所至之多少，而异名之所生可知也。

【注释】

①至质：才能。

②二至：两种以上的才能。

③令名：美好的声誉。《左传·襄公二十四年》："侨闻君子长国家者，非无贿之患，而无令名之难。"

④休名：美好的名声。

⑤劲智精理：智力强劲精通事理。

⑥智直强悫：才智美而真诚。

⑦任名：可信任的名声。

⑧端质：突出的品质。

⑨令德济焉：美好的品德就形成了。

【译文】

什么叫"观其至质，以知其名"？"偏材之人"的特性，如兼有两种以上的才能，则最有特性的才能互相促进，就会产生种种美好的声誉。所以品质正直且气质清高的人，就会有"美善"的美名；气质清高且刚劲有力的人，就会有"功业"的美名；足智多谋且精通事理的人，就会有"贤能"的美名；富于智慧且坚强诚恳的人，就会有"担当重任"的美名；具备品质端正和优秀才质的人，则成就良好的品德；加上勤奋学习，那么他的文化素养就会熠熠生辉。所以观察一个人兼有的才能有多少，通过各种不同的名声是怎么得来的就能知道了。

【原文】

何谓观其所由，以辨依似？夫纯讦[①]性违，不能公正。依讦似直[②]，以讦讦善。纯宕[③]似流，不能通道。依宕[④]似通，行傲过节[⑤]。故曰：直者亦讦，讦者亦讦，其讦则同，其所以为讦则异。通者亦宕，宕者亦宕，其宕则同，其所以为宕则异。

【注释】

①纯讦：专门指责他人的过错。

②依讦似直：出于直率秉性而去指责他人过错。刘昺在解释这句话时说："以直之讦。"

③纯宕：本质气质都放荡不羁。

④依宕：仿佛是放荡。

⑤行傲过节：傲慢不受节制。

【译文】

什么叫"观其所由，以辨依似"？专门指责他人过错爱揭人所短的人心胸狭隘，不能公正地处理事情；依靠揭人所短显示自己是率直的人，用揭人所短的方式斥责善良的人；放荡不羁显示其为如流水般通畅的人，其实无法通晓天下所有的规律；通过放荡不羁显示自己似乎很通达的人，其实行为傲慢而不知节制地放纵。所以说，虽然率直的人会揭人所短，专好指责他人所短的人也揭人所短，两类人揭人所短的行为是一样，但其动机和目的是不同的；通达的人固然放荡不羁，随心所欲的人也放荡不羁，放荡不羁的行为是一样的，但其放荡不羁的原因是不同的。

【原文】

然则何以别之？直而能温[①]者，德也。直而好讦者，偏也。讦而不直者，依[2]也。道而能节者，通也。通而时过[3]者，偏也。宕而不节者，依也。偏之与依，志同质违，所谓似是而非也。是故轻诺，似烈而寡信。多易，似能而无效。进锐[4]，似精而去速。诃者[5]，似察而事烦[6]。讦施[7]，似惠而无成[8]。面从，似忠而退违。此似是而非者也。亦有似非而是者。大权[9]，似奸而有功[10]。大智，似愚而内明。博爱，似虚而实厚。正言，似讦而情忠。夫察似明非[11]，御情之反[12]，有似理讼[13]，其实难别也。非天下之至精，其孰能得其实？故听言信貌，或失其真。诡[14]情御反，或失其贤。贤否之察，实在所依。是故观其所依，而似类之质可知也。

【注释】

①直而能温：性格耿直而能温和。

②依：倚仗，仗恃，仰赖。

③通而时过：指后知后觉。。

④进锐：进取急切。锐，急切，迫切。

⑤诃者：大声斥责别人。

⑥烦：烦琐复杂。

⑦讦施：假意施予。

⑧无成：没有好的结果。

⑨大权：号令百官的权力。

⑩似奸而有功：表面看好像奸诈而实际上是有功劳的。

⑪察似明非：审查类似的事而明辨是非。似、非都是定语，分别指好的事情和坏的事情。

⑫反：反复。

⑬理讼：审理案件。

⑭诡：欺诈，虚假。

【译文】

然而怎样才能区别辨别他们呢？性格率直而能温和的人，是有品德的人；率直而喜欢揭人所短的人，是偏激的人；喜好指责他人揭人所短而又不正直的人，是有倚仗之人。放荡不羁而用道义节制自己，是通晓事理的人；随心所欲而有些过分的人，是偏差之人；放荡不羁而不节制的人，是依似之人。偏差之人和依似之人，表现相同而其本质不同，这就是人们所说的似是而非。所以，轻易承诺的人看似很热情而其实被认为缺乏诚信；认为什么事都很简单的人看似很能干而其实无任何成效；急于进取的人看似精悍而事实是放弃得更快；待人处世苛刻的人似乎明察秋毫而事实上会使事情更烦琐；喜欢暗中给人小恩小惠的人看似惠及大众而其实没做成什么事；表面上对上级服从的人看似忠诚可靠而其实在背后伤人；这些都属于似是而非的人。也有另外的似非而是的人，大权在握的人看似奸臣而事实证明对国家有功劳；有大智慧的人看似愚笨而其实内心很精明；广施仁爱的人看似是虚幻而事实上内心充满爱意；正直的言论好像是针对人而其实是性情忠诚。观察分析各种人的似是而非或似非而是，反复研究人情的真假，就好像审理诉讼案件区分有理与无理时非常困难。如果不是天底下最精明的人，怎么能分辨清楚呢？所以仅仅听其口中之言或相信其外貌，经常失去真实情况。只从人的真情假意作出判断，可能失去贤能的人。贤能与否的观察，应仔细观察其接近的材质类型。所以，观察其接近的材质类型，其性格气质属于的类别，就可以知道了。

【原文】

何谓观其爱敬，以知通塞？盖人道之极①，莫过爱敬②。是故《孝经》③以爱为至德，以敬为要道④。《易》⑤以感为德，以谦为道。《老子》⑥以无为德，以虚为道。《礼》⑦以敬为本。《乐》⑧以爱为主。然则人情之质，有爱敬之诚，则与道德同体，动⑨获人心，而道无不通也。然爱不可少于敬。少于敬，则廉节者归之，而众人不与⑩。爱多于敬，则虽廉节者不悦，而爱接者死之⑪。何则？敬之为道也，严而相离⑫，其势难久。爱之为道也，情亲意厚，深而感物。是故观其爱敬之诚，而通塞之理可得而知也。

【注释】

①极：顶点。

②爱敬：热爱尊敬。

③《孝经》：《孝经》是中国古代汉族政治伦理著作，儒家十三经之一。多以为孔门后学所撰，宣传孝道，从汉代起就被推崇，《汉书·艺文志》列为“七经”之一。《孝经》以孝为中心，比较集中地阐述了儒家的伦理思想。它肯定“孝”是上天所定的规范，《孝经》首次将孝与忠联系起来，认为“忠”是“孝”的发展和扩大，并把“孝”的社会作用推而广。

④要道：重要的理论。

⑤《易》：《易经》，又称《周易》，儒家经典之一，包括《经》和《传》两部分。《易经》是中国传统思想文化中自然哲学与人文实践的理论根源，是古代汉民族思想、智慧的结晶，被誉为“大道之源”，是古代帝王之学，政治家、军事家、商家的必修之术。《易经》含盖万有，纲纪群伦，是汉族传统文化的杰出代表；广大精微，包罗万象，亦是中华文明的源头活水。

⑥《老子》：道家著作，又称《道德经》《道德真经》，相传为春秋时老聃所作。自汉景帝起此书被尊为《道德经》，至唐代唐太宗自认是老子李耳之后，曾令人将《道德经》翻译为梵文。唐高宗尊称《道德经》为《上经》，唐玄宗时更尊称此经为《道德真经》。原文上篇《德经》和下篇《道经》不分章，后改为《道经》在前，《德经》在后，并分为81章，是中国历史上最伟大的名著。

⑦《礼》：《礼经》的简称。指的是儒家经典《士礼》。又称《仪礼》，是先秦六经之一，亦是十三经之一。

⑧《乐》：《乐经》的简称。儒家经典著作之一。久佚，后世多谓之毁于秦始皇焚书，但《乐经》是否存在仍然众说纷纭。

⑨动：往往，常常。《三国志·吴书·周瑜传》：“曹公，豺虎也，然托名汉相，挟天子以征四方，动以朝廷为辞。”

⑩与：参与。

⑪爱接者死之：接受爱的人甘心为施爱者去死。

⑫严而相离：严肃拘谨互相敬而远之。

【译文】

什么叫“观其爱敬，以知通塞”？大概人伦之道的最高准则，没有能莫过于爱和敬的。所以，《孝经》以爱为最高的品德标准，以敬为为人之道重要的原则。《易经》以感应为最高准则，以谦卑为重要准则；《老子》以实施教化没有固定的方法作为德的准则，以把寂寞无为作为准则；《礼记》以敬为为人根本；《乐经》以爱为主旨。然而人情的实质，是对他人有爱和敬的诚意，就代表道德高尚合为一体，这样他的行为举动就获得人心，行事就会畅通无阻。然而对人爱的分量不能少于敬的分量，如果爱少于敬，那么只有清廉有节操的人会归附他，而大多数人不愿意追随，不会与他在一起；如果爱多于敬，那么虽然清廉有节操的人可能不高兴，但可得到众人的真心拥戴。为什么会这样？因人与人相敬，人们之间就会严肃而拘谨，互相敬而远之，造成彼此有较大的距离，相处势必难以持久；而如果把爱作为为人之道的标准，人与人相爱，使人感情上相亲近而心意浓厚，使人与人之间产生深深的感情。所以说，观察一个人的相爱相敬的诚意，通过观察他与人之间的沟通是否通畅的道理，就可以得到充分了解了。

【原文】

何谓观其情机，以辨恕惑？夫人之情有六机[①]：杼[②]其所欲则喜；不杼其所能则怨；以自伐历[③]之则恶；以谦损下之则悦；犯其所乏则媚[④]；以恶犯媚则妒；此人性之六机也。

【注释】

①机：种类。

②杼：发挥、发扬。

③历：越过。

④媚：忌恨。

【译文】

什么叫作“观其情机，以辨恕惑”？人的情感表现有六种主要的反应：欲望能满足就会高兴；能力得不到发挥就会埋怨；他人在自己面前自夸炫耀就会感觉讨厌；人在自己面前态度谦卑就会喜欢；攻击他的缺陷就会遭到他人的忌讳；用自己的长处打压他的短处就会妒恨。这就是人的情绪的六种常态反应。

【原文】

夫人情莫不欲遂[①]其志，故烈士[②]乐奋力之功，善士[③]乐督政之训，能士乐治乱之事，术士[④]乐计策之谋，辩士乐陵讯之辞，贪者乐货财之积，幸者[⑤]乐权势之尤。苟赞[⑥]其志，则莫不欣然。是所谓杼其所欲则喜也。若不杼其所能，则不获其志。不获其志，则戚[⑦]。是故功力不建，则烈士奋。德行不训[⑧]，则正人哀[⑨]。政乱不治，则能者叹。敌未能弭[⑩]，则术人思[⑪]。货财不积，则贪者忧。权势不尤，则幸者悲。是所谓不杼其能，则怨[⑫]也。

【注释】

①遂：如愿，完成。

②烈士：勇猛之士。

③善士：善良的品德高尚的人。

④术士：策士；谋士。

⑤幸者：被君王宠幸的大臣。

⑥赞：帮助，支持。

⑦戚：忧愁。

⑧德行不训：不遵从道德行为规范。

⑨正人哀：正人君子哀愁。

⑩弭：消除，止息。

⑪思：悲伤，哀愁。《礼记·乐记》：“亡国之音哀以思，其民困。”

⑫怨：怨恨，不高兴。

【译文】

人之常情没有人不想完成自己的愿望。因此勇猛的人乐意通过勇力立功达成所愿；善良的人乐意通过纠正不正之风达成所愿；有才能的人乐意通过治理乱政达成所愿；有智谋的人乐意通过出谋划计策达成所愿；擅长辩论的人喜欢通过诡辩的言辞达成所愿；贪财的人喜欢通过积聚财货达成所愿；被君王宠幸的人喜欢通过揽权达成所愿。如果帮助其达成愿望，则没有人不是非常高兴的，这就是所说的抒发了内心想要表达的东西就欣喜。如果不能发挥其所有的能力，则他们的目的就无法达到，目的达不到就会忧愁悲伤不已。因此，没有机会建功立业，则刚烈的人就会对不能尽其才感到愤慨；社会风气不正，则正直的人就会感到悲哀；政治混乱而不去治理，则有能力的人就会感叹不已；强敌不能被制服，有智谋的人就会反思；货财积累的不多，那么贪财的人就会忧愁；权势不大，受到君王宠幸的人就会悲哀。这就是所说的没有发挥能力和特长就怨恨。

【原文】

人情莫不欲处前，故恶人之自伐[①]。自伐，皆欲胜之类也。是故自伐其善，则莫不恶也。是所谓自伐历之，则恶也。人情皆欲求胜，故悦人之谦。谦所以下之，下有推与之意，是故人无贤愚，接之以谦，则无不色怿[②]。是所谓以谦下之，则悦也。人情皆欲掩其所短，见其所长。是故人驳其所短，似若物冒之[③]。是所谓驳其所乏，则婟也。人情陵上者也，陵犯其所恶，虽见憎，未害也。若以长驳短，是所谓以恶犯婟，则妒恶生矣。

【注释】

①自伐：自我夸耀。

②色怿：表情喜悦。

③似若物冒之：感到愤懑好像被东西覆盖一样。

【译文】

人之常情没有人不想高人一等的，所以讨厌别人自我夸耀。自我夸耀都是想表明自己比别人强，因此，喜欢自夸其优点的人，没有人不对他产生厌恶的。这就是所谓的用自我夸耀的方法超越别人，别人就会厌恶。人之常情没有人不会有好胜之心，所以都喜欢别人谦让，谦让的态度表现就是甘居人下，处于人下有推让他人的含意。因此，不论贤良人或愚钝人，只要以谦恭有礼的态度与人交往，则没有人不表现出非常愉快的神情，这就是所说的用谦虚自损的方法处人之下，别人就会喜悦。人之常情都想掩饰自己的短处，展现自己的长处。因此，如果别人攻击他的短处，就会使他感到愤懑好像被东西覆盖一样，人家就会忌恨。这就是所说的揭露他人的短处会遭人忌恨。人之常情都想超越比自己强的人，在超越的时候自我夸耀虽被别人厌恶，但不会被别人忌害。如果用自己的长处去反驳别人的短处，这就是所说的自夸己能犯人所短就会受到妒忌，这样嫉妒和厌恶都产生了。

【原文】

凡此六机，其归皆欲处上。是以君子接物，犯而不校[①]。不校，则无不敬下，所以避其害也。小人则不然。既不见机，而欲人之顺己，以佯[②]爱敬为见异，以偶[③]邀会为轻，苟犯其机，则深以为怨。是故观其情机，而贤鄙之志可得而知也。

【注释】

①校：拒绝。

②佯：假装。

③偶：偶然，偶尔。

【译文】

以上六种情绪反应，归根结底全都是源自好胜的本能。因此君子待人接物，对别人的冒犯不予计较，不计较就会对人谦恭有礼，因此可以避免受到别人的妒害。小人就不是这样，他们既不了解人的情绪反应，却总希望别人顺从自己，他们以别人表面上爱和敬的行为视为对自己的欣赏，以别人偶然的邀请看作对自己的轻视。如果触犯了他的痛处使他不快，他们就会产生深切的怨恨。所以，观察一个人在与人相处时情绪上的反应，其贤良与粗鄙的态度就可以了解了。

【原文】

何谓观其所短，以知其长？夫偏材之人，皆有所短。故直之失也，讦。刚之失也，厉。和之失也，懦。介[①]之失也，拘[②]。

【注释】

①介：指独特的节操或行为。

②拘：拘泥。

【译文】

什么叫“观其所短，以知其长”？凡属于“偏材”的人，都有其短处。所以直率的缺失是揭人的短处；刚强的缺失是严厉；温和的缺失是软弱；耿介的缺失是拘谨。独特节操引出的过失，在于拘泥。

【原文】

夫直者不讦，无以成其直，既悦[①]其直，不可非其讦，讦也者，直之征[②]也。刚者不厉，无以济其刚，既悦其刚，不可非其厉，厉也者，刚之征也。和者不懦，无以保其和，既悦其和[③]，不可非其懦，懦也者，和之征也。介者不拘，无以守其介，既悦其介，不可非其拘，拘也者，介之征也。然有短者，未必能长也。有长者，必以短为征。是故观其征之所短，而其材之所长可知也。

【注释】

①悦：喜爱，欣赏。

②征：特征，特点。

③和：温和。

【译文】

直率的人不揭人所短，就不能被认为其直率；既然欣赏其直率，就不要非议直率的人揭人所短的行为；揭人所短的性格，是直率的人的特征。刚强的人不严厉，就无法促成其刚强的性格；既然欣赏其刚强，就不要非议刚强者的严厉；严厉的性格，是刚强的人的特征。温和的人如果不软弱，就无法保持其温和的性格；既然欣赏其温和，就不要非议温和的人的软弱；软弱的性格，是温和的人的特征。有独特节操的人不拘谨，就无法坚守其节操；既然欣赏其节操，就不要非议有独特节操人的拘谨，拘谨的性格，是有独特节操人的特征。然而人有短处，未必有长处；有长处，肯定以其短处为特征。所以，观察一个人的短处特征，那么就能够知道这个人的长处了。

【原文】

何谓观其聪明，以知所达？夫仁者，德之基也。义者，德之节[①]也。礼者，德之文[②]也。信者，德之固也。智者，德之帅[③]也。夫智出于明。明之于人，犹昼之待白日，夜之待烛火。其明[④]益盛者，所见及远。及远之明难。

【注释】

①节：节制。

②文：纹理

③帅：统帅，起主导作用的人或事物。

④明：聪明。

【译文】

什么是“观其聪明，以知所达”？仁爱是德的基础，道义是德的节制，礼仪是德的纹理，诚信是德的巩固，智慧是德的统帅。智慧源于聪明，聪明对人的重要性，就像白天的太阳，夜晚的烛火，人越聪明越有远见。有远见之明，是很难做到的。

【原文】

是故守业勤学，未必及材。材艺精巧，未必及理[①]。理义辨给，未必及智。智能经事，未必及道[②]。道思玄远，然后乃周[③]。是谓学不及材，材不及理，理不及智，智不及道。道也者，回覆变通。是故别而论之，各自独行，则仁为胜。合而俱用，则明为将。故以明将仁，则无不怀[④]。以明将义，则无不胜。以明将理，则无不通。然则苟无聪明，无以能遂。故好声而实，不克则恢。好辩而理，不至则烦。好法而思，不深则刻。好术而计，不足则伪。是故钧材[⑤]而好学，明者为师。比力而争，智者为雄。等德而齐，达者称圣。圣之为称，明智之极名也。是以观其聪明，而所达之材可知也。

【注释】

①理：道理。

②道：事物的根本规律。

③周：完备，充足。

④怀：归向。《尚书·皋陶谟》："安民则惠，黎民怀之。"孔安国传："爱则民归之。"

⑤钧材：素质才能相等。

【译文】

所以，勤学苦练，未必能成才；材质技艺精湛巧妙的，未必能懂得深层次的道理；理论分析透彻，未必有智慧；有能够成就事业的智慧，未必能掌握事物的根本规律；只有掌握了事物的根本规律才能够思考深远，然后才能够办得完备周全。这也就是说，勤学不如有材质，有材质不如懂道理，懂道理不如有智慧深远，智慧深远不如掌握根本规律。掌握根本规律，才能够贯通反复变化的事物。因此，如果分别讨论，就单一才能而言，那么仁爱是最重要的；如果把各种才能综合在一起考虑，那么聪明就是统帅。所以用聪明带领仁爱，则无人不感怀深受；用聪明带领道义，则无往不胜；用聪明领会道理，无所不通。然而，如果没有聪明，没有什么事能做成功。所以说好虚名而无真才实学则变成浮夸，喜好辩论而不懂道理则变成烦琐，喜好法律而不深思熟虑则变成苛刻，喜好权术而计谋不足则变成诡诬欺诈。所以，有好的材质而好学，聪明的人成为老师；力量相同而有争斗，有智慧的人称雄；品德方面并驾齐驱，通达的人可称为圣人。圣人的称呼，是指聪明和智慧到了极致。因此，观察其聪明的程度，他能够达到什么样的人才的标准就可以知道了。

卷　下

七缪第十

【原文】

七缪[1]：一曰察誉[2]有偏颇之缪；二曰接物有爱恶之惑[3]；三曰度心有小大[4]之误；四曰品质有早晚[5]之疑；五曰变类有同体[6]之嫌；六曰论材有申压之诡[7]；七曰观奇有二尤[8]之失。

【注释】

①缪：同“谬”，谬误。

②察誉：考察名声。

③爱恶之惑：被个人的爱恶所迷惑。

④小大：指人的素质中明与智的小大。

⑤早晚：指人的智慧发展的早晚。

⑥同体：同类材质。

⑦诡：欺诈。

⑧二尤：尤妙和尤虚，指大智若愚和表里不一。

【译文】

识人有七种谬误：第一是考察人的声誉时对传闻误导有偏听偏信的错误；第二是待人接物会受个人好恶的迷惑；第三是审查心志时会有对其素质中明与智大小判断的失误；第四是考察人物的素质时会有不知道他的智慧发展早晚的疑惑；第五是有只赏识与自己材质同类的人的嫌疑；

第六是有以地位财富论才能的诡辩；第七是观察奇异之人时有“尤妙”（大智若愚）与“尤虚”（金玉其外而败絮其中）的判断失误。

【原文】

夫采访[①]之要，不在多少。然征质[②]不明者，信耳而不敢信目。故人以为是，则心随而明之。人以为非，则意转而化[③]之。虽无所嫌，意若不疑[④]。且人察物，亦自有误。爱憎兼之，其情万原[⑤]。不畅其本，胡[⑥]可必信？是故知人者，以目正耳。不知人者，以耳败[⑦]目。故州闾[⑧]之士，皆誉皆毁，未可为正也。交游之人誉不三周[⑨]，未必信是也。

【注释】

①采访：搜求寻访。

②征质：外部特征与内在品质。

③转：转变。化：变化。

④疑：怀疑。

⑤万原：万源。

⑥胡：怎么。

⑦败：扰乱。

⑧州闾：古代地方基层行政单位。此处泛指乡里。

⑨三周：多次做成事情。三，泛指多。周，成就事情。

【译文】

搜求寻访人才的关键，不在于听到的情况多少。然而看不清人的外部特征与内在品质的人，常常相信听闻而不相信自己亲眼所见的事实。所以当别人以为应该肯定时，他就随着相信并认为自己观察得很准。当别人认为应当否定时，他就改变自己的看法而转向反面。相信别人毁誉的人虽然从内心与之没有嫌隙，但他听到别人的毁誉后哪能没有怀疑？况且人们对事物的观察，本身也是有不准确的地方。再加上外界爱憎的干扰，所发生的疑惑就更多了。这种观察从根本上就发生了问题，怎么能够必信不疑呢？所以善于鉴识人的人，能用他所看到的事实去纠正所听到的传闻。不善于鉴识人的人，常被所听到的情况干扰亲眼看到的事实。所以在乡里生活的人，一般全都受到赞誉或诋毁的，不能代表真实的情况。在人际交往中，名誉没有经过反复查证，是不能完全相信的。

【原文】

夫实厚[①]之士，交游之间，必每所在[②]肩称。上等援[③]之，下等推之，苟不能周，必有咎毁[④]。故偏上失下，则其终有毁。偏下失上，则其进不杰[⑤]。故诚能三周，则为国所利。此正直之交也。故皆合而是[⑥]，亦有违比[⑦]。皆合而非，或在其中。若有奇异之材，则非众所见。而耳所听采，以多为信[⑧]。是缪于察誉者也。

【注释】

①实厚：笃实敦厚。

②所在：所出现的地方。

③援：举荐，提拔。《礼记·儒行》："其举贤援能有如此者。"

④毁：诋毁。

⑤杰：突出。

⑥是：肯定。

⑦违：违背。比，比较。

⑧信：真实可信。

【译文】

言行一致的忠厚的人，在与人交往游学时，不管何时何地都与自己的职位相称，这样领导会提拔他，群众会推荐他。如果相处交往时不能周到全面，必然会有一些批评和毁谤。因此只顾奉承上级而不关心下属，则最终得到的只有毁谤；只会拉拢群众结党营私而失去上级的支持，则其仕途前程不会突出。因此言行一致才能经得起反复查证，就可以成为有利于国家的人才。这是正直之士与别人交往时的方法。所以大家都认为某人好，也存在不一定真好；大家都认为某人不好，或许其中有中正的。如果遇到有些奇特的人才，则不是一般人能看出来的。通过四处打听所采纳的传闻，往往只是听取多数人的意见就会相信，这是不能正确对待传闻导致的识人误区。

【原文】

夫爱善疾恶，人情所常。苟不明质，或疏善、善非[①]。何以论之？夫善非者，虽非犹有所是。以其所是，顺己所长，则不自觉情通意亲[②]，忽忘其恶。善人虽善，犹有所乏。以其所乏[③]，不明己长[④]。以其所长，轻己所短，则不自知志乖[⑤]气违，忽忘其善。是惑于爱恶者也。

【注释】

①善非：善待错误。

②情通意亲：感情相通心意亲近。

③乏：短处。

④长：优点，长处。

⑤乖：乖戾。

【译文】

一般人都喜爱善良而厌恶邪恶，这是人之常情。如果没有清楚了解人的特质，往往会出现疏远善人，善待恶人的现象。为什么会出现这种现象呢？善待邪恶的人，因其有多恶也有值得肯定的优点，只要凭借其优点，刚好顺应了自己的长处，就会不由自主地与之感觉情感相通、心意相亲，暂时忘掉他的邪恶之处。善良的人虽有很多长处，但是他也有其不足之处。因为其不足之处，这些短处又与自己的长处不同，便认识不到自己的长处，又因为善美之人的长处，用他的所长轻视自己的短处，就会不由自主地认为他志向乖僻而不和气，忽略并忘掉了他的善良。这是在审查人才时被自己的喜爱和厌恶所迷惑的情况。

【原文】

夫精欲深微①，质②欲懿重，志欲弘大③，心欲嗛小④。精微，所以入神妙也。懿重，所以崇德宇⑤也。志大，所以戡物任⑥也。心小，所以慎咎悔也。故《诗》咏⑦文王，“小心翼翼”，“不⑧大声以色”，小心也。“王⑨赫斯怒”，“以对于天下⑩”，志大也。由此论之，心小志大者，圣贤之伦也。心大志大者，豪杰之隽也。心大志小者，傲荡⑪之类也。心小志小者，拘懦⑫之人也。众人之察，或陋⑬其心小，或壮⑭其志大，是误于小大⑮者也。

【注释】

①微：微妙。

②质：素质，本质。

③弘大：弘毅而远大。

④嗛小：谦虚谨慎。嗛，同“谦”。

⑤德宇：为顺应自然、社会和人类客观需要去做事。不违背自然发展，去发展自然，发展社会，发展自己的事业。德，是道的载体，是道的体现。宇，是一种空间的辽阔，指大气。

⑥戡物任：能够担当重任。

⑦咏：用诗词等来描述，抒发感情。

⑧不：动词，不追求。

⑨王：指周文王。

⑩天下：疆土内的臣民。

⑪傲荡：傲慢放荡。

⑫拘懦：拘谨懦弱。

⑬陋：鄙视。

⑭壮：推崇，赞许。

⑮小大：指心志的小大。

【译文】

精益求精的人思虑应深远而微妙，本性应当是美好而厚重，志向应当弘毅而远大，胸襟应当谦逊而谨慎。深远而微妙可使思虑神奇而玄妙，美好而厚重可使本性能一生尊崇道德礼义，志向远大就拥有了担当重任的条件，谦逊谨慎是可以避免灾难与悔恨的方法。所以《诗经》中用诗词来歌颂周文王："凡事小心谨慎的"，"不追求声名之大"。此为谦逊谨慎的表现。"文王赫然大怒，要为天下成就一番大作为"。这是志向远大的表现。由此可以推论，内心谦逊谨慎且志向远大的人，属于圣贤类的层次；内心豁达且志向远大的人，具有豪杰的优异；内心豁达但志向渺小的人，属心高气傲且行为疏荡的一类；内心谦逊谨慎且志向渺小的人，是拘谨且懦弱的人。然而普通人的观察，有的忽略了其内心的渺小，有的错误壮大了其志向的远大，这就是因错误理解了观察对象志向大小而出现的识人误区。

【原文】

夫人材不同，成①有早晚。有早智而速成者，有晚智而晚成者，有少无智而终无所成者，有少有令材遂为隽器②者。四者之理，不可不察。夫幼智之人，材智精达，然其在童髦③皆有端绪。故文本辞繁④，辩始给口⑤，仁出慈恤⑥，施发过与⑦，慎生畏惧⑧，廉起不取⑨。早智者浅惠而见速⑩，晚成者奇识而舒迟⑪，终暗⑫者并困于不足，遂务⑬者周达而有余。而众人之察，不虑其变，是疑于早晚⑭者也。

【注释】

①成：成才。

②隽器：杰出的人才。

③童髦：儿童时期。髦，古代儿童头发下垂至眉的一种发式。

④文本辞繁：文章的词语繁丽。

⑤辩始给口：论辩中的口齿伶俐。

⑥仁出慈恤：慈善体贴的仁爱之心。

⑦施发过与：施与他人超过接受他人所给予。

⑧慎生畏惧：年幼时胆小，长大后必谨慎。

⑨廉起不取：谨慎而知道敬畏与危险。

⑩浅惠而见速：廉洁而不妄取财物。

⑪奇识而舒迟：有独特见识而成长缓慢。

⑫终暗：终生愚昧糊涂。

⑬遂务：事业顺利。

⑭早晚：指智力发展的早晚。

【译文】

人的资质不同，那么其成才会有早晚的区别：有的人因智力发展成熟很早而很快成才，有的人因智力发展成熟很晚而大器晚成，有年少时无智慧而导致终生毫无成就的人，有年少具有良好的材质而成为出类拔萃的人。以上四种情况，不可以不明察。那种自幼便聪慧的人，其材质、智力精微而通达；这类人在其童年的时候，都会有与众不同的表现显现。这些表现为其文章的词语繁丽，论辩中的口齿伶俐，慈善体贴的仁爱之心，施予他人超过接受他人所给予，谨慎而知道敬畏与危险，廉洁而不妄取财物。大智早成但见识不深远的人能迅速成名；大智晚成而见识独特的人能慢慢发展；（大智早成的人）始终不能了解事物的道理并受困于见识不足；（大智晚成的人）虑事周全、通达而见识有余。然而普通人的考察，不考虑前后的变化，这就是对成功早晚不能明察产生的疑惑。

【原文】

夫人情莫不趣[①]名利，避损害。名利之路，在于是得[②]。损害之源，在于非失[③]。故人无贤愚，皆欲使是得在己。能明已是，莫过同体[④]。

【注释】

①趣：趋赶。

②是得：做得对并有所得。

③非失：做错事并有所失。

④同体：同类人。

【译文】

人之常情没有人不想追求功名利禄而又能躲避损失与祸害。追求功名利禄的路，在于做得对并有所获得；损失与祸害的源泉，在于不想失去。因此人无论贤能和愚笨，全都希望让自己做得对并有所获得。最能够明察自己是否应该拥有，莫过于与自己同材质人的观点。

【原文】

是以偏材之人，交游进趋[1]之类，皆亲爱同体而誉之，憎恶对反[2]而毁之，序异杂[3]而不尚也。推而论之，无他故焉。夫誉同体，毁对反，所以证彼非而著己是也。至于异杂之人，于彼无益，于己无害，则序而不尚。

【注释】

①进趋：追求，求取。

②对反：对立相反。

③异杂：没有利害关系的其他材质的人。

【译文】

所以偏才之人，所交际寻求的人，全都是与自己关系亲密喜爱相同的人并相互赞誉，憎恶与自己对立相反的人并诋毁他们，对与自己无关系的其他材质的人放在既不憎恨也不推崇的位置上。由此就可以推论出，没有其他的原因。称誉同类的人，诋毁对立相反的人，都是用来证明别人不对而自己是对的。至于与自己既不同类又不对立的其他材质的人，对别人没有益处，对自己没有害处，则既不憎恨也不崇尚。

【原文】

是故同体之人，常患于过誉，及其名敌[1]，则尠[2]能相下。是故直者性奋，好[3]人行直于人，而不能受人之讦。尽者[4]情露，好人行尽于人[5]，而不能纳人之径[6]。务名者乐人之进趋过人[7]，而不能出陵己之后[8]。是故性同而材倾，则相援而相赖也。性同而势均，则相竞而相害也。此又同体之变也。故或助直而毁直，或与明而毁明，而众人之察不辨其律理[9]，是嫌[10]于体同也。

【注释】

①敌：实力相当。

②尠：同“鲜”。

③好：喜欢。

④尽者：真情流露。

⑤好人行尽于人：喜欢对别人直率尽其所言的人。

⑥不能纳人之径：不能接受对自己直率尽其所言。

⑦乐人之进趋过人：喜欢进趋超过别人的人。

⑧不能出陵己之后：不能处在高于自己的人的后面。

⑨律理：规则和道理。

⑩嫌：疑惑。

【译文】

所以，同类材质的人，常常有过分赞誉的弊病；如果两方势均力敌名望相当，就很少能够谦让臣服。因此，正直的人性情亢奋，喜好行为正直待人，却不能接受他人指责自己的过失。忠实的人对外真情流露，喜欢出于真实对别人直率尽其所言，却不能接受采纳对自己直率尽其所言；致力于追求功名的人，乐于他人的趋炎附势，却不能处在高于自己的人的后面。所以，性情相同而材质相差悬殊，就会相互援助并相互依赖；性情相同但处于势均力敌，就会相互竞争并相互损害。这是同类之间关系变化的情况。所以有的人扶助正直又诋毁正直，有的人赞誉明智又诋毁明智。而普通人不能明察，不能辨别其中规律和道理，这就是对同类人的变化产生嫌疑的缘故。

【原文】

夫人所处异势，势有申[1]压。富贵遂达，势之申也。贫贱穷匮，势之压也。上材之人，能行人所不能行。是故达有劳谦[2]之称，穷有著明之节。中材之人，则随世损益。是故藉富贵则货财充于内，施惠周于外。见赡者[3]，求可称而誉之。见援者，阐小美而大之。虽无异材，犹行[4]成而名立。处贫贱，则欲施而无财，欲援而无势。亲戚不能恤，朋友不见济。分义不复立[5]，恩爱浸[6]以离。怨望[7]者并至，归罪者日多。虽无罪尤，犹无故[8]而废也。

【注释】

①申：同“伸”。伸展，扩张。

②劳谦：勤劳谦恭。《周易·谦》：“劳谦，君子有终，吉。”

③见赡者：受到救济的人。

④行：行动，目标。

⑤复立：重新确立。

⑥浸：渐渐。

⑦怨望：怨恨不满。

⑧故：过失，错误。

【译文】

人所处的情势是不同的，形势表现为伸展和压制。富裕和显贵容易达成目标，这是形势伸展的表现。贫穷和低贱则资源严重匮乏，这是形势压制的表现。上等材质的人，能做出一般人无法做到的事，因此他们显达时有勤劳而谦逊的美称，穷苦时有光明磊落的节操。中等材质的人，会随着世事变化而有损失和增益，因此凭借着富贵就可对内充实财产和货物，对外施予恩惠给周边的人；对受到他恩惠的人，要求他们对可以称许的事情大加赞誉；对接受了援助的人，阐说微小的美德而让他们加以夸大。所以他们虽然没有特殊的才能，却仍然能够做事成功获得名声。

而无特别的材质的人，希望行事能有成就且名誉可以确立；但处于贫穷和低贱时就是想要施予却没有财富，想要去援助却没有势力，对亲戚没有能力救恤，对朋友看不见有帮助，其名分与义务不能再得以确立，恩爱的情感渐渐失去，怨恨和不满的人相继产生，归咎与非难的人日渐增多；虽没有罪大恶极，仍然无故而遭人废弃。

【原文】

故世有侈俭[1]，名由进退[2]。天下皆富，则清贫者虽苦，必无委顿[3]之忧。且有辞施[4]之高，以获荣名之利。皆贫，则求假[5]无所告，而有穷乏之患，且生鄙吝[6]之讼。是故钧材而进有与[7]之者，则体益[8]而茂遂。私理卑抑有累[9]之者，则微降而稍[10]退。而众人之观，不理其本，各指其所在，是疑于申压者也。

【注释】

①侈俭：奢侈与节俭。

②进退：升降。

③委顿：衰弱，病困。

④辞施：推辞施予。

⑤假：借。

⑥鄙吝：过分爱惜钱财。

⑦与：通“予”，给予。

⑧益：健康，美好。

⑨累：负担。

⑩稍：渐渐。

【译文】

所以世间有奢侈与节俭的区分，名分因此而有了升降的变化。天下人都富有了，那么清贫的人虽然穷苦，也一定没有衰弱病困的忧愁。（施予者）凭借受施者传颂其高尚的行为，以此就可获得荣耀的名誉的利益；

当天下都贫穷的时候，想求借于人而无处达成借贷的目的，因而有穷困和贫乏的忧虑，并且因此会产生过分爱惜钱财的争讼。所以材质良好并积极进取的人，财富和别人一样多，进而还有人给予，名利双收且所作所为顺畅无阻；理不正而位卑、压抑的人，再有拖累的人，地位慢慢下降渐渐低下并行事退步。然而普通人在观察这个问题时，没有厘清事物的根本，从各自所处的尊卑贵贱加以论说，这是因不了解伸展和压制的形势所产生的疑惑。

【原文】

夫清雅之美，著乎形质，察之寡失。失缪[①]之由，恒在二尤。二尤之生，与物异列[②]。故尤妙之人，含精于内，外无饰姿。尤虚之人，硕言[③]瑰姿，内实乖反。

【注释】

①缪：错误，失误。

②与物异列：与普通人物不同。

③硕言：言语夸大，夸夸其谈。

【译文】

那种清廉高雅的美名，在人的外貌和气质上有显著的表现，由此观察则很少会有失误；考察人才错谬与失误的原因，经常在于对尤妙之人与尤虚之人的辨别上。尤妙之人与尤虚之人的产生，与他人他物不可同样看待。因此尤妙之人，其内心精妙，外在也无须美饰丽资；尤虚之人，言辞浮夸且姿容瑰丽，但其内心与外在所表现出来的则是相反的。

【原文】

而人之求奇，不可以精微测其玄机，明异希[①]。或以貌少为不足，或以瑰姿为巨伟，或以直露为虚华，或以巧饰为真实。是以早[②]拔多误，不如顺次[③]。夫顺次常度也。苟不察其实，亦焉往而不失？故遗贤而贤有济[4]，则恨[5]在不早拔。拔奇而奇有败，则患在不素别[6]。任意而独缪，则悔在不广问。广问而误己，则怨己不自信。是以骥子发足[7]，众士乃误。韩信立功，淮阴[8]乃震。夫岂恶奇而好疑哉！乃尤物不世见[9]，而奇逸[10]美异也。

【注释】

①明异希：明白奇才的奇异和稀少。

②早：提前。

③顺次：按照顺序。

④遗贤而贤有济：遗漏了贤才而贤才却有成功的表现。

⑤恨：遗憾。

⑥素别：预先识别。素，预先。《国语·吴语》："夫谋，必素见成事焉，而后履之。"

⑦骥子发足：良马奋蹄。此指良才显示了自己的能力。

⑧淮阴：古县名，秦置，治所在今江苏淮阴区西南。

⑨世见：每代都出现。

⑩逸：不受拘束。

【译文】

然而一般人在寻求奇才时，不能够凭借精妙入微的心思揣测其深奥玄妙的机理，明白奇才的奇异和稀少。有的因其容貌的欠缺而认为其有不足，有的因姿容瑰丽而认为其必然伟大，有的因其直率显露而认为是华而不实，有的因其巧言令色而认为真才实学。因此过早选拔重用必然产生过多的失误，不如按正常顺序等级录用。按正常顺序等级录用，是一般性选拔人才的方式方法。如果不能观察到一个人的实际能力，则无论如何都难免会造成失误。所以当遗漏了贤才而贤才确实有所作为，就会遗憾当初未能及早提拔重用而遗憾；如果选拔重用了庸才而导致失败，就会后悔当时没有真正鉴别他的能力；独断独行而产生失误，就会悔恨当初没有广泛询问；如果广泛询问而导致自己失误，就会怨恨自己当初缺乏自信。因此良马发力奔驰之时，众人方知当初识别有误；韩信建立功勋后，淮阴侯的威名才远震。难道是因为人们厌恶奇异而喜好疑虑吗？只因出奇超众的人物平时不多见，而其奇异的优点与众不同。

【原文】

是以张良体弱，而精强为众智之隽也。荆叔[①]色平，而神勇为众勇之杰也。然则隽杰者，众人之尤也。圣人者，众尤之尤也。其尤弥[②]出者，其道弥远。故一国之隽，于州为辈[③]，未得为第[④]也。一州之第，于天下为椳[⑤]。天下之椳，世有优劣[⑥]。是故众人之所贵，各贵其出己之尤，而不贵尤之所尤。是故众人之明，能知辈士[⑦]之数，而不能知第目[⑧]之度。辈士之明，能知第目之度，不能识出尤之良也。出尤之人，能知圣人之教，不能究之入室[⑨]之奥也。由是论之，人物之理，妙不可得而穷已。

【注释】

①荆叔：即荆轲。又称荆卿、庆卿，姜姓，庆氏；战国末期卫国人，是春秋时期齐国大夫庆封的后代。他喜好读书击剑，为人慷慨侠义。后游历到燕国，被称为“荆卿”（或荆叔），随之由燕国智勇深沉的“节侠”田光推荐给太子丹，拜为上卿。秦国灭赵后，兵锋直指燕国南界，太子丹震惧，与田光密谋，决定派荆轲入秦行刺秦王。因为被夏无且（jū）的药囊击中，被秦王拔剑所杀，行刺失败。“图穷匕见”就是关于荆轲的典故。

②弥：越。

③辈：比并，比类。《后汉书·循吏传序》：“边凤、延笃先后为京兆尹，时人以辈前世赵、张。”李贤注：“辈，类也。赵谓赵广汉，张谓张敞。”

④第：品第。

⑤椳：门枢。

⑥优劣：高低。

⑦士：人才。

⑧第目：品第。

⑨入室：学问技艺达到精神的程度。《论语·先进》："由也，升堂矣，未入于室也。"邢昺疏："入室为深，颜渊是也；升堂次之，子路是也。"

【译文】

因此张良身体弱小却精明强干，是众多智能人才中出类拔萃的佼佼者；荆轲表情平和却神勇无比，他的精神勇气是众多勇士之中的杰出者。如此说来，超凡出众的优秀人才，是众多人才中最突出的人才。被称为圣人的人，是众多突出的人才中的最突出的人才。圣人超凡出众的表现越充分，其思想境界就越深远。所以一个郡国中的优秀人才，在一州之中排列次序为比较，不一定能被列入佼佼者之中；一州之中的佼佼者，才是国家的栋梁。国家的栋梁之材，世代有优有劣而不等。因此，普通人所尊崇的人，各自尊崇他的都是能超出自己最突出的方面，而不是尊崇最突出的人才中的佼佼者。因此，普通人的鉴识，能够了解州郡一级人才等级的人物，而没有能力观察到国家级人物的能量；州郡级人物的鉴识，能够知道观察国家级人物的能量，却不能识别超出最突出的人才；超出突出级别的人才，能领会圣人的教化，却没有能力分析出成为圣人的奥秘。由此推论，人物鉴识的道理及其奇妙，用尽方法也不可能完全领会得到。

效难第十一

【原文】

盖知人之效①有二难。有难知之难，有知之而无由②得效之难。何谓难知之难？人物精微，能神③而明，其道甚难，固难知之难也。是以众人之察不能尽备。故各自立度④，以相观采⑤。或相其形容，或候⑥其动作，或揆⑦其终始，或揆其儗⑧象，或推其细微，或恐其过误，或循其所言，或稽⑨其行事。八者游杂，故其得者少，所失者多。是故必有草创⑩信形之误，又有居止变化之谬⑪。故其接遇观人也，随⑫行信名，失其中情⑬。

【注释】

①知人之效：认识人才并取得效果。

②无由：没有缘由。

③神：精神，指内涵。

④立度：建立标准。

⑤观采：观察使用。

⑥候：探查。

⑦揆：揣测。

⑧儗：草拟，依照。

⑨稽：考察。

⑩创：相信，信任。

⑪谬：错误。

⑫随：轻率，随意。

⑬中情：内心的实际情况。

【译文】

认识鉴识一般人才的效验有两个难处：有难以鉴识的难处，有鉴识之后没有办法得到效验的难处。什么是难以鉴识的难处？鉴识人才之道极为精致细微，能达到神妙而明白事理的境界，掌握这种方法本身是一件很困难的事情，这就是难以鉴识的难处。因此一般人审察人才的方法，不能详尽完备，所以各自设立原则与标准，以对人才观察而采纳。有的观察他的形容外貌，有的探查他的举止动作，有的揣测他的行事从开始到结束的表现，有的揣测他的拟想的形象，有的推测他的细微之处的变化，有的忽略他犯过的失误，有的循查他所讲的言论，有的复核他做事的效果。以上八种信息是交杂混乱没有系统的，所以他们能得到鉴识的信息的人很少，失去信息的人却很多。因此必然会有初步鉴识仅凭其外表识别所形成的失误，还有平时行动和举止的变化形成的错谬。所以根据其待人接物来鉴别，根据其行为并相信其名誉，失去了对其实情的鉴识。

【原文】

故浅美扬露[①]，则以为有异。深明沉漠[②]，则以为空虚。分别妙理，则以为离娄[③]。口传甲乙[④]，则以为义理[⑤]。好说是非，则以为臧否。讲目成名[⑥]，则以为人物。平道政事[⑦]，则以为国体。犹听有声之类，名随其音。夫名非实，用之不效。故曰：名由口进[⑧]，而实从事退。中情之人[⑨]，名不副实[⑩]，用之有效。故名由众退，而实从事章[⑪]。此草创之常失也。

【注释】

①浅美扬露：心智肤浅显扬表露。

②深明沉漠：心智深邃内心明白而不外露。

③离娄：古代传说中的人物，视力极好。

④口传甲乙：勉强地分别等级次第。

⑤义理：道理。

⑥讲目成名：勉强地分辨人的贤能和愚昧。

⑦平道政事：胡乱谈论政事。

⑧名由口进：名声通过众人之嘴而宣扬提升。

⑨中情之人：真正的智慧在内心的人。

⑩名不副实：指中情之人的名气和实际不相符的情况。

⑪章：彰显。

【译文】

所以一个人心智浅显张扬而显露，就会被以为有奇异的功能异于常人；一个人内心心智深邃内心明白而不外露，就会认为是空洞无物；一个人分析鉴别精妙的道理头头是道，就会以为能明察秋毫；一个人道听途说勉强地分别事物，就会认为其精通义理；一个人喜好搬弄是非，就会以为能评判善恶；一个人勉强议论贤愚的名分，就会以为能鉴赏人物；一个人妄加评论国家的政事，就会以为是国家的栋梁。这就好像听到声音能做出判断那样，名声也可随口讲出。名声如果不真实，实际情况就无法效验，所以说：名声是因有人传而建立，而实际行事就知不相符。内心有真知灼见的人，其名声常与实际情况也不相符，但任用他们实际应用却可效验；所以名声常随众口相传而减退，而实际做事效果却可以彰显出来。这些都是初步鉴识经常有的过失。

【原文】

故必待居止，然后识之。故居视其所安①，达视其所举，富视其所与，穷视其所为，贫视其所取，然后乃能知贤否。此又已试，非始相②也。所以知质，未足以知其略③。且天下之人，不可得皆与游处。或志趣变易，随物而化。或未至而悬④欲，或已至而易⑤顾，或穷约⑥而力行，或得志而从欲⑦。此又居止之所失也。由是论之，能两得其要，是难知之难。

【注释】

①所安：安心于什么。

②始相：凭眼睛看。

③略：计谋，智慧。

④悬：诱惑。

⑤易：改变。

⑥穷约：穷困，贫贱。

⑦从欲：为所欲为。

【译文】

所以一定要等到了解其平时的行为举止，然后才能真正识别他的才能。平时可以观察其人心安于何处，通达时可以观察其人所举荐的人，富裕时可以观察其所施予别人的东西多少，穷困时可以观察其人的所作所为，在他贫贱时可以观察其人索取是否正当。通过这一列观察然后就能知道其人是否贤德。这些已经是事后的测试，不是初次观察。可以了解其材质而不足以了解他的谋略。况且天下的人，不可能全部都彼此交游共处。有的人志向和兴趣会有变化，随环境的变化而发生转变；有的人志向还没达到就因欲望的诱惑而改变，有的人已经达到了志向却又发生了改变；有的人在穷困时努力工作，有的人得志之后便放纵欲望为所欲为。这又是只依据平时举止鉴识而发生的失误。由此推论，考察人物能够在两方面都能得到要领，是鉴识人难以真正了解的难处。

【原文】

何谓无由得效之难？上材已莫知[①]，或所识者在幼贱[②]之中，未达[③]而丧。或所识者未拔而先没[④]。或曲高和寡，唱不见赞[⑤]。或身卑力微，言不见亮[⑥]。或器[⑦]非时好，不见信贵。或不在其位，无由得拔。或在其位以有所屈迫[⑧]。是以良材识[⑨]真，万不一遇也。须识真在位[⑩]，识百不一有也。以位势值可荐致[⑪]之，宜[⑫]十不一合也。或明足识真，有所妨夺[⑬]，不欲贡荐[⑭]。或好贡荐，而不能识真。是故知与不知，相与纷乱于总猥[⑮]之中。实知者，患于不得达效。不知者，亦自以为未识。所谓无由得效之难也。故曰知人之效，有二难。

【注释】

①上材已莫知：上等人才已经很难识知。

②幼贱：指还没进身显达的时候。

③达：进达。

④没：通“殁”，死亡。

⑤赞：赞赏。

⑥亮：相信，信任。

⑦器：当权者。

⑧屈迫：受压抑迫害。

⑨识：赏识。

⑩位：有权势的地位。

⑪致：致使。

⑫宜：大概。

⑬妨夺：因遇到妨碍而被迫改变。

⑭贡荐：荐举。

⑮总猥：聚合在一起。

【译文】

什么是“无由得效之难”？上等人才已经很难识知，有的被鉴识的人才是在其幼年或贫贱之时，没有得到充分展现能力便已夭折；有的被鉴识的人才，未能得到提拔任用便已先离开人间；有的被鉴识的人才过于清高和深奥而缺乏众人支持，虽有歌颂却没有赞赏；有的所鉴识的人才身份卑下且能量单薄，举荐的言辞无法响亮被人听到而被重视；有的被鉴识的人才不是当时人们所喜好的，不被人信任和珍惜；有的鉴识的人才不在其应处之位，没有办法得以提拔；有的鉴识的人才虽在其应在之位，但被迫屈从和压制。因此具有良材能被鉴识而又被认定为真才实学的人，一万个人里也遇不到一个；必须是在其应在的位置上鉴识其真才实学的，百人之中难以有一个；凭借其地位和权势可以推荐而得以任用的人，十人之中难有一人有巧合的机会。有的人明智足以鉴识真才，担心对自己有妨碍或侵害，不想推荐提拔；有的人本来喜欢推荐提拔，却没有能力鉴识真才。所以能够识别人才和不能够识别人才，鉴识与分化总是相互混杂一起。真正能够认识人才的人，有不在其位不能够取得识别任用人才效果的忧患。不能够真正识别人才的人，虽然身在其位但却不能识别任用人才。这就是所说的“无由得效之难”。所以说认识人才并取得效果，有两个难点。

释争第十二

【原文】

盖善以不伐①为大，贤以自矜②为损。是故舜让于德，而显义登闻③。汤④降不迟，而圣敬日跻⑤。郄至⑥上人，而抑下滋甚。王叔⑦好争，而终于出奔。然则卑让降下者，茂进之遂路也。矜奋侵陵者，毁塞之险途也。是以君子举不敢越仪准⑧，志不敢凌轨等，内勤己以自济⑨，外谦让以敬惧[10]。是以怨难不在于身，而荣福通于长久也。彼小人则不然。矜功伐能，好以陵人，是以在前者人害之，有功者人毁之，毁败者人幸[11]之。是故并辔[12]争先，而不能相夺[13]。两顿俱折[14]，而为后者所趋。由是论之，争让之途，其别明矣。

【注释】

①伐：讨伐，征战。

②自矜：自负；自夸。

③舜：古代汉族神话传说中父系氏族社会后期部落联盟领袖。被后世尊为帝，列入“五帝”。传说姓姚，名重华，字都君。出生地一说在姚墟，一说在诸冯；治都在蒲阪（今山西省运城市永济）。舜受尧的“禅让”称帝，国号为“有虞”。尊号有帝舜、大舜、虞帝舜、舜帝。但舜自认为德才不够，让位于尧的儿子丹朱。然而诸侯朝觐者不到丹朱而到舜处，狱讼者不往丹朱而往舜处，讴歌者不歌颂丹朱而歌颂舜。舜认为这是天意，才继尧位为帝。显义登闻：所发扬的正义上达于天。

④汤：子姓，名履，庙号太祖，河南商丘人，契十四代孙，主癸之子，商人部落首领，商朝的开国君主。商汤十一征而无敌于天下，而后作《汤誓》伐夏。汤与桀大战于鸣条（今山西运城安邑鸣条岗），桀大败。此后三千诸侯大会，汤时为诸侯，被推为天子。汤建国后，吸取夏朝灭亡的经验教训作了《汤诰》，要求其臣属“有功于民，勤力乃事”，否则就要“大罚殛汝”。对那些亡了国的夏民，则仍保留“夏社”，并封其后人。汤注意“以宽治民”，因此在他统治期间，阶级矛盾较为缓和，政权较为稳定，国力也日益强盛。

⑤日跻：与日俱增。

⑥郄至：也做郤至，春秋时晋国大夫。在晋楚鄢陵之战中有功。后居功自傲，生活奢侈，招致怨恨，最后被杀。

⑦王叔：春秋时周王室卿士王叔陈生。因自己的地位在伯舆之下，非常气愤，弃官出走，最后到了晋国。

⑧仪准：礼法规矩。

⑨内勤己以自济：独处时自我修养自我完善。内，指独处时。

⑩外谦让以敬惧：在外用敬惧的态度谦让别人。

⑪幸：幸灾乐祸。

⑫并辔：并驾齐驱。

⑬相夺：压倒胜过对方。夺，压倒，胜过。

⑭两顿俱折：双方都受到了困顿挫败。

【译文】

一般善行因不炫耀自傲而能日益高大，贤能因自我夸耀而日益减损。因此，舜帝因谦让的美德彰显仁义而名闻天下；商汤礼贤下士而受人尊敬的圣名与日俱增；郤至好居于他人之上而对下属的压制越来越严重；王叔喜争强好胜而最终失位出奔他国。如此说来能够降低自己谦卑礼让且能礼贤下士的人，是事业隆升发展的顺利之路；自我夸耀、自负、侵夺名利、欺凌众人的人，是前途招致诋毁、阻塞的危险之路。所以君子的举动不敢超越礼法规矩与准则，志向不敢凌驾于法制的轨道与等级；独处时内心能自强不息以求自我完善，在外时谦虚礼让并知道敬畏与恐惧。这样怨恨与灾难就不会招惹到身上，而荣誉、幸福通达就会保持长久。那些小人就不是如此，他们居功自傲并炫耀能力，喜好凌驾于他人之上；因此地位高于他人的时候容易被人伤害，立有功绩时就会遭人诋毁，遭到诋毁与失败时就会有人幸灾乐祸。因此，应该两马并驾齐驱，争先却不能相互争夺；两败俱伤只会被后来者得其功利。由此论之，竞争与礼让的两条路途，其区别已经很清楚了。

【原文】

然好胜之人，犹谓不然。以在前为速锐①，以处后为留滞，以下众②为卑屈，以蹑等③为异杰，以让敌为回辱④，以陵上为高厉。是故抗奋⑤遂往，不能自反⑥也。夫以抗遇贤，必见逊下⑦。以抗遇暴，必構敌难⑧。敌难既構，则是非之理必溷而难明。溷而难明，则其与自毁何以异哉！

【注释】

①速锐：精锐而行动快速。

②下众：处在众人之下。

③蹑等：胜过同等人。蹑，超越，胜过。《晋书·陆机陆云传论》："其词深而雅，其义博而显，故足远超枚马，高蹑王刘，百代文宗，一人而已。"

④回辱：避让屈辱。

⑤抗奋：即亢奋，极度兴奋不顾一切。

⑥自反：自觉返回。

⑦必见逊下：必然得到谦让。

⑧必搆敌难：必然造成敌对非难。

【译文】

然而喜好争强好胜的人，仍然以为并非如此，他们认为能处于他人的前面的人是快速与敏锐的，处于他人的后面的人被认为停滞不前；礼贤下士的人被认为卑贱与屈服；越位而上的人被认为奇异而杰出；对敌对方礼让的人被认为迂腐与耻辱，凌驾于他人之上的人被认为高大与厉害。因此，他们不顾一切地奋力争取而一往无前，不能从错误中自我反省。好强的人遇到贤人必然会谦逊而处于下位；好强的人遇到暴徒必然造成敌对与险难。敌对与险难既已形成，则是与非的道理必然混杂而难以明辨。混杂而难以明辨与自我毁灭有什么不同呢？

【原文】

且人之毁己，皆发怨憾而变生亹[①]也。必依[②]托于事，饰成端末。其余听者虽不尽信，犹半以为然也。己之校报[③]，亦又如之。终其所归，亦各有半，信著于远近也。然则交气疾争者，为易[④]口而自毁也。并辞竞说[⑤]者，为贷手以自殴[⑥]。为惑缪岂不甚哉！

【注释】

①变生璺：变故的征兆发生出现。

②依：借口。

③校报：回报，报复。

④易：改换。

⑤竞说：语言互相竞争。

⑥殴：打。

【译文】

况且别人损毁自己时，全都发自怨怒愤恨所形成的变化而产生争端，诋毁之人必然借助于具体的事件，用以掩饰争端的发生；对于听到事件的人而言，虽然不会完全相信，仍然还是会有半数以上的人信以为真。自己对此事的校正及说明，也是以这种方式对待的，最终归纳所得的结果，也只是各自有其中的一半取信于远或近所得的信息。然而以负气相向而激烈争执的人，只是借别人的口进行自我毁谤；言辞激烈而相互强辩的人，只是借别人的手进行自我殴打。如此作为所产生的疑惑与错谬还能不严重吗？

【原文】

然原其所由，岂有躬自厚责，以致变讼者乎？皆由内恕[①]不足，外望不已。或怨彼轻我，或疾彼胜己。夫我薄而彼轻之，则由我曲[②]而彼直也。我贤而彼不知，则见轻非我咎也。若彼贤而处我前，则我德之未至也。若德钧而彼先我，则我德之近次[③]也。夫何怨哉！

【注释】

①内恕：自我宽恕。

②曲：理。

③近次：接近略低。

【译文】

然而探究其所发生的原因，难道有能责备躬身自问、严格要求自己的人会导致变化和争讼的吗？都是由于内心宽恕之心不足，对外的期望无休止所造成的。有的怨恨对方轻视自己，有的嫉妒对方胜过自己；我自己能力不足就会受到对方轻视，就是由于我理亏而对方理直；我贤能而对方不知道，就是被轻视并非我的过错了。如果对方贤能并处在我的前面，就是我的品德修养尚未达到最好；如果贤德彼此不相上下而对方（年纪大）比我先修习，就是我的贤德和对方相近而稍迟修习。如此又怎么会有怨恨？

【原文】

且两贤未别，则能让者为隽矣。争隽未别[①]，则用力者为惫[②]矣。是故蔺相如以回车决胜于廉颇[③]，寇恂以不斗取贤于贾复[④]。物势之反[⑤]，乃君子所谓道也。是故君子知屈之可以为伸，故含辱而不辞。知卑让之可以胜敌，故下之[⑥]而不疑。及其终极，乃转祸而为福，屈雠[⑦]而为友。使怨仇不延于后嗣，而美名宣于无穷。君子之道，岂不裕[⑧]乎！

【注释】

①别：差别。

②惫：劣，坏。

③蔺相如：战国时赵国人，初为赵国宦者令缪贤舍人，后由缪贤推荐给赵惠文王。秦王得知赵国有和氏璧，假称愿以十五城换之。蔺相如奉命带着玉璧入秦，与秦王斗智斗勇，戳穿秦国阴谋，乃完璧归赵，因功被拜为上大夫。惠文王二十年，秦王、赵王渑池相会，秦王让赵惠文王为之鼓瑟，以侮辱之。蔺相如强令秦王为赵王击缶，对秦王进行回击，维护了赵国的尊严。因功高被拜为上卿，位在廉颇之上。廉颇不服，欲侮辱蔺相如，但蔺相如以国家利益为重，多次退让，终于感动了廉颇，乃亲自到蔺相如处负荆请罪。廉颇：战国时赵将，以勇猛善战闻名。赵

惠文王十六年，率军伐齐，大破齐军，因功被拜为上将。赵孝成王十五年，与乐乘率军大破燕军，迫使燕割五城请和。以功封信平君，为假相国。后因与乐乘不和，奔魏居于大梁。赵国因屡遭秦国逼迫，欲任用廉颇，但因仇者郭开的诋毁，赵王相信廉颇老矣，不再任用。后廉颇入楚，卒于寿春。

④寇恂：东汉初上谷昌平（今北京昌平东南）人，字子翼。初任郡功曹，新莽败亡后，劝太守耿况归顺刘秀，被拜为偏将军。后任河内太守，行大将军事，保障后勤甚是得力，击破更始军立有战功，后转任颍川太守，封雍奴侯。历任汝南太守、执金吾。为东汉初二十八功臣之一。贾复：东汉初南阳冠军（今河南邓州西北）人，字君文。新莽末聚众起兵，自号将军，后归附更始政权，又随从刘秀，战功卓著。刘秀称帝后，拜执金吾，封冠军侯。后迁左将军，定封胶东侯。知光武帝不欲功臣拥众于京师，便削除甲兵，敦崇儒学，以此深受赏识。为东汉初二十八功臣之一。当初贾复在汝南的时候，他的部将杀人，被汝南太守寇恂依法处置。贾复深以为耻，说过颍川的时候一定要报复寇恂。寇恂知道后，以天下未定，应以大局为重，巧施妙计，避免了与贾复的直接冲突。事见《后汉书·寇恂传》。

⑤物势之反：指表面上与实质上效果相反的行动。刘昺在解释这句话时说："龙蛇之蛰以存身，尺蠖之屈以求伸，虫微物耳，尚知蟠屈，况于人乎！"

⑥下之：处于他的下面，甘拜下风。

⑦屈雠（chóu）：使仇敌屈服。

⑧裕：宽大，宽容。《周易·系辞下》："益，德之裕也。"韩康伯注："能益物者，其德宽大也。"

【译文】

况且两个人的贤德没什么差别，那么能谦让的人就是最优秀的；竞争最优秀的人而不分上下，如用势力去相争的人会疲惫不堪。因此，蔺相如以回车退避的方法胜过廉颇一筹，寇恂以不与贾复争斗而获取贤德之名。了解事物发展的反面，就是君子行为处事的原则。因此君子知道弯屈身体是为了达到更好的伸展目的，所以饱含屈辱而不言推辞；他们知道谦卑礼让是为了能够战胜对方，所以毫不迟疑地谦让对方处在高的位置。然而等到了事态发展的最终，就可转祸为福。怨仇的人而终究成为朋友，使怨怒和仇恨不会延及于后代子孙，而美好的名声弘扬久远。君子处事的方法，难道不是非常宽裕可行的吗？

【原文】

且君子能受纤微之小嫌，故无变斗之大讼。小人不能忍小忿之故，终有赫赫[①]之败辱。怨在微而下之，犹可以为谦德也。变在萌[②]而争之，则祸成而不救矣。是故陈馀[③]以张耳之变，卒受离身之害[④]；彭宠以朱浮之郄[⑤]，终有覆亡之祸。祸福之机，可不慎哉！

【注释】

①赫赫：显赫盛大。

②萌：萌芽，指初期，早期。

③陈馀：战国末魏国大梁（今河南开封西北）人，与张耳为刎颈之交。秦末参加反秦起义，与武臣、张耳等人北略赵地，并拥立武臣为王。后与张耳关系破裂。项羽分封时，因觉得分封不公，愤而依附田荣，赶走常山王张耳，迎赵歇为王。汉高帝三年，张耳、韩信破赵，陈馀被杀。张耳：战国末魏国大梁（今河南开封西北）人，少时为信陵君门客，与陈馀俱为当时名士。秦灭魏以后，因受到朝廷的悬赏缉拿，与陈馀改名换姓逃至陈。秦末参加反秦起义，劝陈胜立六国之后，未被采纳。后又请兵略赵地，立武臣为赵王。巨鹿之战后，与陈馀关系恶化。项羽分封诸侯，张耳被封为常山王。后受到陈馀袭击，投奔刘邦，随韩信破赵，后被刘邦立为赵王。

④卒受离身之害：终于遭受自身败亡后代灭绝的灾祸。卒，终于。离身，自身败亡后代灭绝。

⑤彭宠：西汉末南阳宛（今河南南阳）人，字伯通。少为郡吏，更

始政权建立后任偏将军，行渔阳太守事。后归附刘秀，封建忠侯，赐号大将军。为刘秀势力的扩张立有大功，因功高赏薄，心怀不满，又与幽州牧朱浮不和，于建武二年发兵反，自立为燕王，后被杀。朱浮：东汉初沛国萧（今安徽萧县西北）人，字叔元。新莽末年，随刘秀起兵，破王郎，拜为大将军、幽州牧，封武阳侯。与渔阳太守彭宠关系恶化，被彭宠打败。光武帝爱其才，任为执金吾，徙封父城侯。以后历任太仆、大司空等职。后因卖弄国恩被免官。因好陵折同僚，明帝永平中被赐死。郄：同“隙”，嫌隙。

【译文】

况且君子能忍受纤微般细小的嫌隙，所以没有因变乱和争斗产生大的诉讼；小人不能忍受很小的愤恨的缘故，最终会发生巨大的失败和耻辱。对方积怨在很小的时候去解决，还可以被认为有谦逊的美德；福祸变化还在萌芽时就发生争执，就会形成祸害而无法挽救了。所以陈馀因张耳的变节而怀恨，最终承受被杀死的祸害。彭宠以朱浮的指责而产生嫌隙，最终导致宗族被夷灭的惨祸。认识福祸转化发生的缘由，能够对此不谨慎吗？

【原文】

是故君子之求胜也，以推让为利锐，以自修为棚橹[1]，静则闭嘿泯[2]之玄门，动则由[3]恭顺之通路。是以战胜而争不形[4]，敌服而怨不搆。若然者悔吝[5]不存于声色，夫何显争之有哉！彼显争者，必自以为贤人，而人以为险诐[6]者。实无险德，则无可毁之义。若信有险德，又何可与讼乎！险而与之讼，是柙兕[7]而撄虎，其可乎？怒而害人，亦必矣。《易》曰：“险而违者讼，讼必有众起”。《老子》曰：“夫惟不争，故天下莫能与之争。”是故君子以争途之不可由也。

【注释】

①棚橹：防御武器。棚，棚阁，橹：很大的盾牌。

②泯：灭，尽。

③由：遵从。

④争不形：不形成竞争。

⑤悔吝：悔恨。

⑥险诐（bì）：阴险邪僻。

⑦柙兕（sì）：把犀牛关进笼子。

【译文】

因此君子追求胜利，以推辞和谦让的美德为锋利的武器，以自我修养为实现目标的方法；安静时可以沉默不语、默默无闻，行动时也以谦恭和顺的方式完成。所以他即使战胜对方也没有争斗的形迹，对方臣服而不构成怨恨。如果是这样，悔恨与矛盾不会在声音和脸色上表现出，怎么会有争执的情况显现呢？彼此公开显现出争执的人，必然自以为是贤德的人，而别人是危险、狡诈的人。如果他实际行为确实不存有邪恶的思想，就没有可毁谤的仁义。如果诚信上有邪恶的思想，又怎么可能与其发生争讼呢？明明是冒着危险与别人争讼，却好像把犀牛关进笼中和迫近被逼到绝路上的老虎一样，这样怎么行呢？它们愤怒了就会伤害人，这也是必然的呀！《易经》中说："有危险就可能违背规律的人，发生争讼。争讼必然牵连许多人参与。"《老子》中说："只要都不争斗，则天下没有可能产生争斗。"因此君子以争斗解决问题是不会有好的结果的。

【原文】

是以越[①]俗乘高，独行[②]于三等之上。何谓三等？大无功而自矜，一等。有功而伐之，二等。功大而不伐，三等。愚而好胜，一等。贤而尚人，二等。贤而能让，三等。缓己急人[③]，一等。急己急人，二等。急己宽人，三等。凡此数[④]者，皆道之奇[⑤]，物之变也。三变而后得之，故人莫能及也。夫惟知道通[⑥]变者，然后能处之。是故孟之反[⑦]以不伐，获圣人之誉。管叔[⑧]以辞赏，受嘉重[⑨]之赐。夫岂诡遇以求[⑩]之哉？乃纯德自然之所合也。彼君子知自损之为益，故功一而美二[11]。小人不知自益之为损，故一伐而并失。由此论之，则不伐者，伐之也。不争者，争之也。让敌者，胜之也。下众者，上之也。君子诚能睹争途之名险，独乘高于玄路[12]，则光晖焕[13]而日新，德声伦[14]于古人矣。

【注释】

①越：超越。

②独行：不随世俗沉浮。

③缓己急人：宽松。

④此数：所有这几等。

⑤奇：特殊表现。

⑥通：通常。

⑦孟之反：春秋时鲁国大夫，名侧，字反。鲁哀公十一年，鲁军与齐军战，大败，孟侧在败退时走在最后。走到城门时，受到人们的赞扬。他却用鞭子打着马说："非敢后也，马不进也。"事见《论语·雍也》何晏《集解》。

⑧管叔：西周初人，又称叔鲜，周初三监之一，周文王之子，武王之弟。武王灭商后被封于管（今河南郑州），监视武庚及遗民。周成王时因不满周公摄政，与武庚起兵作乱，兵败被杀。管叔并无辞赏受嘉奖之事，此处管叔疑为三国时的管宁。见《三国志·魏书·管宁传》及裴松之注。

⑨嘉重：重重嘉奖。

⑩诡遇以求：用不正当的手段去求取。

⑪功一而美二：一件事而收到两种好结果。刘昺在解释这句话时说："自损而行成名立。"功，事情，事业。《诗经·豳风·七月》："嗟我农夫，我稼既同，上入执宫功。"朱熹《集传》："功，葺治之事。"

⑫玄路：脱离世俗玄远高妙的境界。

⑬焕：放射光芒。

⑭伦：类，同。

【译文】

因此超越世俗而独居最高处的人，特立独行于三等人之上。有哪三等的人呢？本来没有大的功劳却自我夸大炫耀，是下等人；有功绩而居功自傲，是中等人；功劳很大而不夸耀，是上等人。愚蠢而又争强好胜，是下等人；有道德修养而又能崇尚他人，是中等人；有道德修养而又能够谦让，是上等人。宽以待己而严以律人，是下等人；严以律己也严以律人，是中等人；严以律己而宽以待人，是上等人。以上这几等人，都是所遵循的标准发生奇异变化，事物发展规律的改变所造成的。经过多次转变后才得到的，所以普通人未必有这种远见。只有能掌握发展变化规律并能应用的人，才能够在变化后正确处理。因此春秋鲁国大夫孟之反因不居功自傲获得圣人的美誉，管叔因不贪念赏赐而受到更嘉美厚重的赏赐；这些怎么可能以不正当的方法去获得呢？这是因有纯正品德自然而然发展所形成的合理的结果。那些君子知道减少自己的所得而最终获得更多利益，只有一份功劳却可名利双收；小人不知道自己想方设法增加利益可能最终全部失去，所以其居功自傲时就会名利双失。由此得出结论，不居功自傲的人实际获得了夸耀，不争强好胜者实际上争胜了；对敌对方能礼让反而取胜；礼贤下士的人反受众人的拥戴。君子确实能看清争夺的道路上的危险，独自逍遥于世俗之外的精神世界中，他的光辉就会耀眼夺目并日益提升，品德声誉古今流传。

孝　经

序

【原文】

朕闻上古，其风朴略，虽因心之孝已萌，而资敬之礼犹简。及乎仁义既有，亲誉益著，圣人知孝之可以教人也，故“因严以教敬，因亲以教爱”，于是以顺移忠之道昭矣，立身扬名之义彰矣。子曰：“吾志在《春秋》，行在《孝经》。”是知孝者德之本欤。

经曰：“昔者明王之以孝理天下也，不敢遗小国之臣，而况于公、侯、伯、子、男乎?”朕尝三复斯言，景行先哲。虽无德教加于百姓，庶几广爱形于四海。

嗟乎！夫子没而微言绝，异端起而大义乖。况泯绝于秦，得之者皆煨烬之末；滥觞于汉，传之者皆糟粕之余。故鲁史《春秋》，学开五传；《国风》、《雅》、《颂》，分为四《诗》。去圣逾远，源流益别。

近观《孝经》旧注，踳驳尤甚。至于迹相祖述，殆且百家；业擅专门，犹将十室。希升堂者必自开户牖，攀逸驾者必骋殊轨辙，是以道隐小成，言隐浮伪。且传以通经为义，义以必当为主，至当归一，精义无二，安得不翦其繁芜，而撮其枢要也?

韦昭、王肃，先儒之领袖；虞翻、刘邵，抑又次焉。刘炫明安国之本，陆澄讥康成之注。在理或当，何必求人?今故特举六家之异同，会五经之旨趣。约文敷畅，义则昭然；分注错经，理亦条贯。写之琬琰，庶有补于将来。

且夫子谈经，志取垂训，虽五孝之用则别，而百行之源不殊。是以一章之中凡有数句，一句之内意有兼明，具载则文繁，略之又义阙，今存于疏，用广发挥。

【译文】

朕听说远古的时候，民风淳朴。虽然对父母的孝敬之心已经萌芽，但还没有一套完整的礼仪。到后来，仁义之心和正义之道具备，孝敬亲人所得到的赞誉越来越明显。

圣人由此悟出了用孝道可以教化百姓，就根据子女孝敬父母的道理来教导人们尊敬他人，根据父母爱护子女的道理来教导人们爱护他人。因此，将对父母的孝敬、对兄长的孝悌推移到对君王的忠孝上来的道理就十分清楚，一个人建功立业扬名后世的意义就十分明显了。

孔子说："我的志向是通过《春秋》来反映的，我的行为都体现在《孝经》里边。"这是懂得孝道是一切德行的根本啊！

《孝经》说："过去明王以孝道治理天下，还不敢失礼于小国派来的使臣，更何况是公、侯、伯、子、男这样的诸侯呢？"朕曾反复思索这些话，感觉古代的贤人确实品行高尚。虽然没有用德政来教化百姓，但不久广敬博爱的风气将遍及四海。

唉！孔夫子去世后他的微言大义就慢慢消失了，异端邪说风起而微言大义遭到了歪曲。况且他的经典著作在秦始皇焚书坑儒时几乎被烧光，有幸在这场浩劫中存留下来的已是微乎其微。

孔子的著作在汉代得以广泛流传，但给孔子著作作传注解的大都质量粗劣。所以给孔子《春秋》作注解的就有左传、公羊传、谷梁传、邹氏传、夹氏传五种，给《诗经》作注解的就有鲁、韩、齐、毛四家。距离孔子的时代越远，对孔子原著的理解区别就越大。

近来研究了《孝经》的旧注，发现尤其杂乱无章，错误百出。至于那些似是而非的注解，大概将近百家，专门研究孔子的机构也不少。那些希望登上学问殿堂的人，必定首先自立门户。而这些人急于求成，就像驾着乱跑的车子，一定是跑得越快，而离目的地越远。因此将大道理变成细枝末节的东西，言论遮遮掩掩，尽是一些浮华之词。况且注释要以通晓经义为主要目的，通晓经义要以理解正确为首要。对经义的正确理解应该是一致的，精妙的经义是不会得出不同的结论，怎能不剪除那些杂乱的错误，而提炼出其中的精华呢？

韦昭、王肃是前代儒家学者的榜样，虞翻、刘邵仅次于以上两位。刘炫对《孝经》的注释反映了孔安国的原意，而陆澄却随意讥讽郑康成的注解。对经义的理解合情合理并且准确就行，何必以己之见责备于人？现在朕特意列举韦昭、王肃、虞翻、刘邵、刘炫和陆澄这六家注释的异同，总结出对五经注解的要点。

能简略的就简略，该发挥的就发挥，这样经义就能清楚明了；在注释时要将经文和注释分开，这样就能条理清楚，内容连贯。把它刻在玉石上，也许对后人有所补益。而且孔夫子著作《孝经》的目的，是为了教诲后人。

虽然天子、诸侯、卿大夫、士、庶民的孝道各有区别，而所有品行形成的根源却没有什么不同。这样在一章之中，有的有很多句；一句之内，也有意思相同的地方。

全部记载下来就显得文意繁复，省略掉又担心经义不完整。现在保存在注疏之中，以便广泛地阐述经义。

开宗明义章[1] 第一

【原文】

仲尼居[2]，曾子侍[3]。子曰[4]：先王[5]有至德要道[6]，以顺[7]天下，民用和睦[8]，上下无怨。汝知之乎[9]？

曾子避席[10]曰：参不敏[11]，何足以知之？

子曰：夫孝，德之本也[12]，教之所由生也[13]。复坐[14]，吾语汝[15]。身体发肤[16]，受之父母，不敢毁伤，孝之始也；立身行道[17]，扬名[18]于后世，以显父母[19]，孝之终也。夫孝，始于事亲，中于事君，终于立身[20]。

《大雅》[21]云：无念尔祖[22]，聿修厥德[23]。

【注释】

①开宗明义章：开，张也；宗，本也；明，显也；义，理也。这里是说此章开张一经之宗本，显明五孝之义理，所以称开宗明义章。

②仲尼居：仲尼，孔子的字。孔子，春秋末期思想家、政治家、教育家，儒学的创始者。据《史记·孔子世家》载，孔子名丘，字仲尼，春秋时鲁国人，生于周灵王二十一年（公元前551年），卒于周敬王四十一年（公元前479年）。享年七十三岁。居：闲居，无事闲坐着。

③曾子侍：曾子，即曾参，孔子的弟子。《史记·仲尼弟子列传》："曾参，南武城人，字子舆，少孔子四十六岁，孔子以能通孝道，故授之业，作孝经。"侍：地位低的人在地位高的人身侧为侍，古文《孝经》作曾子侍坐，故这里侍为侍坐之意，也就是在孔子坐席旁边陪坐。《孝经正义》认为，孔子用六经设立教化，随事表名，虽然道由孝生，而孝纲未举，将要开明其道，作为来世垂范，因为曾参的孝道名声很大，就假借闲居为曾参陈说的名义，阐述孝的义理。

④子曰：子，《正义》云："子者，孔子自谓。"按《公羊传》："子者，男子通称也，古者谓师为子，故夫子以子自称。"曰，说也。

⑤先王：先代圣帝明王，这里指尧、舜、禹、汤、文、武王等历史上著名的贤君圣王。

⑥至德：至美之德。要道：要约之道。释文引郑玄注云："至德者，孝悌也。要道者，礼乐也。"

⑦顺：顺理，治理。

⑧民用和睦：《尚书·尧典》："九族既睦，平章百姓，百姓昭明，协和万邦，黎民于变时雍。"郑注："睦，亲也。"《礼记·礼运篇》："大道之行也，天下为公，选贤与能，讲信修睦，故人不独亲其亲，不独子其子，使老有所终，壮有所用，幼有所长，鳏寡孤独废疾者皆有所养。"蜀才曰："睦，亲也。"赵岐曰："睦，和也。"《说文》曰："睦，目顺也。"民，黎民百姓。民用和睦，意思是百姓相顺而亲，相悦而和。用，因而。

⑨汝知之乎：你知道这些道理吗？汝，第二人称代词，你。乎，语气词，用在句末表示疑问或反问。

⑩避席：离开座位。《吕氏春秋·直谏》："桓公避席再拜。"高诱注："避席，下席也。下席者，犹言离去其席位也。"指离开座位站起来以示恭敬。

⑪敏：聪敏，有智慧。

⑫夫孝，德之本也：《邢昺·孝经正义》："先王有至德要道，至德要道元出于孝，孝为之本也。"《后汉书·江革传》："夫孝，百行之冠，众善之始也。"全句意思是说孝道是一切德行的根本。夫，发语词。本：根本。

⑬教之所由生也：《礼记·祭义篇》："众之本教曰孝。"又曰："立爱自亲始，教民睦也。立敬自长始，教民顺也。"《大戴礼·曾子·大孝篇》："民之本教曰孝，其行之曰养。"全句意思是所有教化都是从孝道产生出来的。

⑭复坐：复，重也。《邢昺·孝经注疏》："曾参起对，故使复坐。"

⑮吾语汝：吾，我。语，告诉。《广雅·释诂》："告，语也。"

⑯身体发肤：范祖禹曰："身体发肤，受于亲而爱之不敢忘，则不为不善以亏其体而辱其身，此所以为孝之始也。"《正义》："身谓躬也，体谓四支也，发谓毛发，肤谓皮肤。"《礼记·祭义篇》曾子云："身也者，父母之遗体也。行父母之遗体，敢不敬乎？居处不庄，非孝也；事君不忠，非孝也；莅官不敬，非孝也；朋友不信，非孝也，战陈无勇，非孝也。五者不遂，灾及于亲，敢不敬乎？"

⑰立身行道：立身，独立己身。行道，行己身当行之道。全句意思是说自立修身，自强奋斗，修养品德，实践道德思想。

⑱扬名：显扬名声。

⑲以显父母：显，荣耀。显父母，显扬父母的声名。《曾子·大孝篇》云："父母既没，敬行其身，无遗父母恶名，可谓终也。"

⑳夫孝，始于事亲，中于事君，终于立身：《正义》云："夫为人子者，先能全身而后能行其道也。夫行道者，谓先能事亲，而后能立其身。前言立身，未示其迹，其迹始者，在于内事其亲也；中者，在于出事其主，忠孝皆备，扬名荣亲，是终于立身。"《孟子·离娄篇》："仁之实，事亲是也。义之实，从兄是也。"又云："事，孰为大？事亲为大。守，孰为大？守身为大。事亲，事之本也。守身，守之本也。"又《万章篇》："孝子之至，莫大乎尊亲；尊亲之至，莫大乎以天下养。为天子父，尊之至也；以天下养，养之至也。诗曰：'永言孝思，孝思维则'，此之谓也。"《大学·释齐家治国章》云："孝者，所以事君也；悌者，所以事长也；慈者，所以使众也。康诰曰：'如保赤子'。心诚求之，虽不中，不远矣。"这句话的意思是行孝，始于侍奉父母，进而为国为君尽忠，最后实现自己的志向。

㉑《大雅》：指《诗经》中的《大雅》文王篇。《诗经》分为《风》、《雅》、《颂》，其中《雅》又分为《大雅》、《小雅》。

㉒无念尔祖：《左传·昭王二十三年》："无念尔祖。"杜注云："无念，念也。"无念尔祖，就是念尔祖的意思。尔祖，你的祖先。尔，你。

㉓聿修厥德：意思是修述其先祖之功德。《尔雅》云："聿，循也，述也。"厥，代词，古代厥、其二字相通。

【译文】

孔子闲居在家，他的学生曾参在旁边侍坐。孔子说：先圣帝王都具有至高无上的美德和非常重要的道理用它来治理天下。以顺应天下百姓的心。因此天下的百姓相处得十分和谐，上上下下都和和气气，互相都没有怨恨。你懂得这里面的道理吗？

曾参离开座位站起来恭敬地说：我不够聪敏，怎么能够明白先王的至德要道呢？

孔子说：孝道，是所有德行的根本，一切教化都在此基础上产生。你坐下来，让我告诉你：身躯、四肢、头发、皮肤，都是父母所给予的，作为一个孝子就不能让它们有轻易的伤害，更不能够受到毁伤，这就是尽孝的开始；如果一个人树立了自己的志向，而平时能立身反省、行为处世遵循道理，使自己的名声能够流传后世，以使父母声誉荣耀，那就是尽孝道得到最圆满的结果了。一个人行孝的方面是很广博的，首先从侍奉自己的父母开始，其次是侍奉自己的君王，最后是修身立世实现自己的志向。

《诗经·大雅》上说："难道你不思念自己的先祖吗？如果你思念他们，就要想到将他们的功德修养发扬光大。"

天子[①]章第二

【原文】

子曰：爱亲者不敢恶于人，敬亲者不敢慢于人。[②]爱敬尽于事亲，而德教加于百姓[③]，刑于四海[④]，盖[⑤]天子之孝也。

《甫刑》[⑥]云："一人有庆，兆民赖之。[⑦]"

【注释】

①天子：指帝王、君主。《礼记·表记》云："惟天子受命于天，故曰'天子'。"《白虎通》："王者父母天地，亦曰天子。虞夏以上，未有此名，殷周以来，始谓王者为天子也。"

②爱亲者不敢恶于人，敬亲者不敢慢于人：恶，厌恶、憎恨。慢，轻侮，怠慢。《孟子·梁惠王篇》："老吾老以及人之老；幼吾幼以及人之幼；天下可运于掌。"《孟子·离娄篇》："君子所以异于人者，以其存心也。君子以仁存心，以礼存心；仁者爱人，有礼者敬人。爱人者，人恒爱之；敬人者，人恒敬之。"孟子曰："君之视臣如手足，则臣视君如腹心；君之视臣如犬马，则臣视君如国人；君之视臣如土芥，则臣视君如寇雠。"全句的意思是：亲爱自己父母的人就不会讨厌别人的父母。尊敬自己父母的人，就不会怠慢别人的父母。

③德教加于百姓：德教施于万民的意思。《吕氏春秋·孝行篇》云："光耀加于百姓。"高诱注："加，施也。"德教：以道德教化。

④刑于四海：刑，法则。四海，四夷。《尔雅》："九夷、八狄、七戎、六蛮谓之四海。"《滕文公篇》："上有好者，下必有甚焉者矣。君子之德，风也；小人之德，草也；草尚之风必偃。"《礼记·乐记篇》："君好之，则臣为之；上行之，则民从之。诗云：'诱民孔易'此之谓也。"

《吕氏春秋·孝行览》："故爱其亲，不敢恶人；敬其亲，不敢慢人，爱敬尽于事亲，光耀加于百姓，究于四海，此天子之孝也。"

⑤盖：《公羊传·宣元年正义》："盖，犹是也。"《广雅·释诂》："是，此也。"

⑥《甫刑》：一名《吕刑》，《尚书》篇名。

⑦一人有庆，兆民赖之：一人，天子。庆，善也。兆民，万民，指天下之百姓。兆有两种说法，一说一百万为一兆，一说古代以万亿为兆。这里指数目极多。赖，依靠、凭借的意思。全句意思是说天子行孝，天下百姓都赖其善。

【译文】

孔子说：如果是一个懂得热爱自己父母的人，就丝毫不敢厌恶别人的父母；如果是一个懂得敬奉自己父母的人，就丝毫不敢怠慢别人的父母。竭尽爱敬侍奉父母，施展教化于万民百姓之中，因此他在普天之下就成为四海效法的榜样，这就是天子应尽的孝道。《尚书·甫刑》上说："如果天子热爱亲人，孝敬亲人，能够施行德政，那么天下的亿万百姓就都仰赖他。"

诸侯[1]章第三

【原文】

在上不骄，高而不危[2]；制节谨度[3]，满而不溢[4]。高而不危，所以长守贵也；满而不溢，所以长守富也。富贵不离其身，然后能保其社稷[5]而和其民人[6]，盖诸侯之孝也。

《诗》云："战战兢兢，如临深渊，如履薄冰。[7]"

【注释】

①诸侯：指由天子分封的国君。《正义》："次天子之贵者，诸侯也。"按，《释诂》："公侯君也，不曰诸公者，嫌涉天子三公也，故以其次称为诸侯，犹言诸国之君也。"

②在上不骄，高而不危：不骄，没有骄傲之心，即能守法合礼之意。《论语》："子曰：'君子无众寡，无小大，无敢慢，斯不亦泰而不骄乎?"《中庸》第二十七章："居上不骄，为下不倍。国有道，其言足以兴；国无道，其默足以容。"《曾子·立事篇》："居上位而不淫，临事而栗者，鲜不济矣!"《老子》第九章："富贵而骄，自遗其咎。"司马光云："高而危者，以骄也。"唐玄宗云："诸侯列国之君，贵在人上，可谓高矣。"本句意思是说地位在上而不骄傲，处于高位而没有危险。

③制节谨度：费用约俭谓之制节，慎行礼法谓之谨度。《诗经·大雅》："质尔人民，谨尔侯度，用戒不虞。"《荀子·富国篇》："足国之道，节用裕民而善臧其馀。"又《宥坐篇》：孔子曰："聪明圣智，守之以愚；功被天下，守之以让；勇力抚世，守之以怯；富有四海，守之以谦。"

④满而不溢：满，充实，指国库充裕。溢，过分，这里指奢侈浪费。

⑤社稷：社，土神。稷，谷神。古之有国者必立社稷，以社稷之存

亡示国家之存亡。《孟子·离娄篇》："天子不仁；不保四海；诸侯不仁，不保社稷；卿大夫不仁，不保宗庙；士庶人不仁，不保四体。"

⑥和其民人：和，和睦，这里是"使……和睦"的意思。全句意思是说诸侯和百姓和悦地相处。民人，百姓。

⑦战战兢兢，如临深渊，如履薄冰：战战，恐惧。兢兢，戒慎。临，近。《正义》："夫子述诸侯行孝终毕，乃引小雅小旻之诗，以结之言。诸侯富贵不可骄溢，常须戒惧，故战战兢兢，常如临深履薄也。"意思是说恐惧谨慎，担心坠入深渊不可复出，担心陷入薄冰下不可拯济。

【译文】

一个人如果身居高位，却能做到不骄不躁，谦虚谨慎，那么就用不着惧怕有遭到排挤的危险。如果做到事事节省费用，慎守法度，即使国家经费充裕也不会追求豪华而奢侈浪费。地位显赫而没有倾覆的危险，自然就能长久地保持尊贵的职位；财物丰富而能做到谨慎开支，不浪费，自然能长久地保持充裕的财源。身为诸侯，要首先使富贵不离开自身，然后才能确保他的社稷，跟天下百姓和悦地相处。这就是诸侯应尽的孝道。

《诗经·小雅》里说："诸侯治理国家，凡事必须小心谨慎，仿佛走在深潭边，好像踏在薄冰上。"

卿大夫[①]章第四

【原文】

非先王之法服不敢服[②]，非先王之法言不敢道，非先王之德行不敢行[③]。是故非法不言，非道不行。口无择言，身无择行[④]，言满天下无口过，行满天下无怨恶[⑤]。三者备矣，然后能守其宗庙[⑥]，盖卿大夫之孝也。

《诗》云："夙夜匪懈，以事一人[⑦]。"

【注释】

①卿大夫：指地位仅次于诸侯的高级官员。《正义》："次诸侯之贵者即卿大夫焉。"

②非先王之法服不敢服：法服，法定之服，即合于礼仪规定的服装。不敢服，不敢穿。《尚书·皋陶篇》孔传："五服，天子诸侯卿大夫之服也，尊卑采章各异，是有等差也。"《孟子·离娄篇》："尧、舜之道，不以仁政，不能平治天下。今有仁心仁闻，而民不被其泽，不可法于后世者，不行先王之道也。……遵先王之法而过者，未之有也。"又《孟子·告子篇》："尧舜之道，孝悌而已矣。子服尧之服，诵尧之言，行尧之行，是尧而已矣。子服桀之服，诵桀之言，行桀之行，是桀而已矣。"《曾子·立事篇》："君子入人之国，不称其讳，不犯其禁，不服华色之服，不称惧惕之言。"

③非先王之法言不敢道，非先王之德行不敢行：法言，礼法之言，合于情、理、法的言论。不敢道，不敢说。德行，能符合道德标准的行为。孔子曰："孝，德之始也；悌，德之序也；信，德之厚也；忠，德之正也。参也中夫四德者矣。"唐玄宗曰："德行，道德之行。"《曾子·立事篇》："言必有主，行必有法，亲人必有方。"又曰："是故君子出言以

鄂鄂，行身以战战，亦殆免于罪矣！”《礼记·表记篇》：“是故君子耻服其服而无其容，耻有其容而无其辞，耻有其辞而无其德，耻有其德而无其行。”

④口无择言，身无择行：《曾子·大孝篇》：“故恶言不出于口，烦言不及于己。”《礼记·表记篇》：“是故君子服其服，则文以君子之容；有其容，则文以君子之辞；遂其辞，则实以君子之德。”《尚书·吕刑篇》：“穆穆在上，明明在下，灼于四方，罔不惟德之勤。……敬忌，罔有择言在身。惟克天德，自作元命，配享在下。”

⑤言满天下无口过，行满天下无怨恶：《曾子·立事篇》云：“君子终日言，不在尤之中；小人一言，终身为罪。”又《曾子·大孝篇》云：“故君子一举足，不敢忘父母；一出言，不敢忘父母。一举足不敢忘父母，故道而不径，舟而不游，不敢以先父母之遗体行殆也。一出言不敢忘父母，是故恶言不出于口，忿言不及于己，然后不辱其身，不忧其亲，则可谓孝矣。”

⑥宗庙：古时立祖宗神像以祭祀的场所。《孝经注疏》：“天子至士皆有宗庙。”又云：“宗，尊也；庙，貌也；言祭宗庙见先祖之尊貌也。”

⑦夙夜匪懈，以事一人：《尔雅·释诂》：“夙，早也。”匪，同“非”，不。懈，惰。全句意为卿大夫当能早起夜寝以事天子，不得懈惰。

【译文】

不符合先王所制定礼法的衣服，绝不敢随意地穿在身上；不符合先王所制定的礼法的言辞，绝不敢随意说出口；不是先王所遵循的道德的行为，绝不敢任意推行。因此，不敢乱说不合礼法的言论，不敢推行不合礼法的行为。如果所说的每一句话都合乎礼法，也就用不着担心会有什么失误而去选择好坏。如果所做的每一件事，都合乎道德标准，也就不用担心有什么过错而有所选择。尽管说的话多并流传天下，但他绝不会说错话；尽管做的事多天下人也看得很清楚，但绝不会遭人怨恶。如果以上所说的三项：不是先王所制定的法服，就不敢穿在身上；不是先王所制定的法言，就不敢说出口；不是先王所遵循的德行，绝不敢任意推行。卿大夫都能做到的话，然后方能永远守住他的先祖的宗庙，这便是卿大夫应尽的孝道了。

《诗经》上说："不论早或晚，都要尽心尽力侍奉天子，不可有任何懈怠。"

士[1]章第五

【原文】

资于事父以事母而爱同，资于事父以事君而敬同，故母取其爱而君取其敬，兼之者父也[2]。

故以孝事君则忠，以敬事长则顺。忠顺不失，以事其上，然后能保其禄位而守其祭祀，盖士之孝也[3]。

《诗》云："夙兴夜寐，无忝尔所生[4]。"

【注释】

①士：官名。古时诸侯设置上士、中士、下士之官，其位次于卿大夫。

②资于事父以事母而爱同，资于事父以事君而敬同，故母取其爱而君取其敬，兼之者父也：《广雅·释诂》："资，取也。"《孟子·公孙丑篇》："内则父子，外则君臣，人之大伦也。父子主恩，君臣主敬。"《礼记·表记篇》："今父之亲子也，亲贤而下无能；母之亲子也，贤则亲之，无能则怜之。母，亲而不尊；父，尊而不亲。"又《丧服四制》："资于事父以事君而敬同，贵贵尊尊，义之大者也。故为君亦斩衰三年，以义制者也。"又云："资于事父以事母而爱同。天无二日，士无二王，国无二君，家无二尊，以一治之也。故父在，为母齐衰期者，见无二尊也。"

③故以孝事君则忠，以敬事长则顺。忠顺不失，以事其上，然后能保其禄位而守其祭祀，盖士之孝也：长，指公卿大夫。《孟子·梁惠王篇》："入以事其父兄，出以事其长上。"《大学·释齐家治国章》："孝者，所以事君也，悌者，所以事长也。"《中庸》第十七章："舜其大孝也与！德为圣人，尊为天子，富有四海之内；宗庙飨之，子孙保之。故大德必得其位，必得其禄，必得其名，必得其寿。"《礼记·坊记篇》：

"孝以事君，弟以事长，示民不贰也。"《吕氏春秋·孝行览》："人臣孝，则事君忠。"禄位，古代称官吏的薪水为"禄"，位即职务。祭祀，古时备供品向祖先行礼，表示尊敬并祈求保佑。

④夙兴夜寐，无忝尔所生：《尔雅·释诂》："夙，早也。"又《释言》："兴，起也。"夙兴，指早起。夜寐，晚睡。无，不要。忝，羞辱。所生，即生身父母。

【译文】

以侍奉父亲的一片赤诚之心，去侍奉母亲，那么对父母的爱心是相同的；以侍奉父亲时的恭敬态度，去侍奉天子，那么对天子和父亲的敬爱是一样的。所以，侍奉母亲乃是以爱，侍奉天子乃是以敬，而侍奉父亲的孝道则要爱和敬都齐全兼备。换句话说，以侍奉父亲的孝心，转而侍奉天子，就是忠诚；以侍奉父亲的敬心侍奉师长，就是顺从。以忠诚和顺从的心侍奉君王和师长，就能永远保住他的俸禄和官位，而得以长守先祖的祭祀，这便是士应尽的孝道。

《诗经·小雅》上说："无论是早起或晚睡，都应当避免污辱生身父母的声誉。"

庶人[1]章第六

【原文】

用天之道，分地之利[2]，谨身节用以养父母[3]，此庶人之孝也。

故自天子至于庶人，孝无终始，而患不及[4]者，未之有也。

【注释】

①庶人：《正义》："庶者，众也。"庶人，指天下百姓人民。《皇侃》："不言众民者，兼包府史之属，通谓之庶人也。"

②用天之道，分地之利：用天之道，指春生（春天耕种）、夏长（夏天耘苗）、秋收（秋天收获）、冬藏（冬天入库），举事顺时，遵守自然规律。用，善用。分地之利，分别五土，视其高下，各尽所宜。郑注按《周礼·大司徒》："五土，一曰山林，二曰川泽，三曰丘陵，四曰坟衍，五曰原隰。谓庶人须能分别此五土之高下，随所宜而播种之则。"《孟子·梁惠王篇》："不违农时，谷不可胜食也；数罟不入洿池，鱼鳖不可胜食也；斧斤以时入山林，材木不可胜用也。榖与鱼鳖不可胜食，材木不可胜用，是使民养生丧死无憾也。"

③谨身节用以养父母：谨身节用是指处世恭谨用度节省。按古人说法，身恭谨则远耻辱，用节省则免饥寒。《说文》："谨，慎也。"谨身，谨慎其身。郑注："行不为非也。"简朝亮曰："以吾身受之父母，宜谨慎也。浅言之，则无怠惰而纵欲妄好，戒世俗所谓不孝者。深言之，则视听言动无非礼，皆谨身也。"《吕氏春秋·孝行览》："养有五道：修宫室，安床笫，节饮食，养体之道也；树五色，施五采，列文章，养目之道也；正六律，和五声，杂八音，养耳之道也；照五谷，烹六畜，和煎调，养口之道也；和颜色，说言语，敬进退，养志之道也；此五者，代

进而厚用之，可谓善养矣！”《孟子·离娄篇》：“世俗所谓不孝者五：惰其四肢，不顾父母之养，一不孝也；博弈，好饮酒，不顾父母之养，二不孝也；好货财，私妻子，不顾父母之养，三不孝也；从耳目之欲，以为父母戮，四不孝也；好勇斗狠，以危父母，五不孝也。”《中庸》第十三章：“庸德之行，庸言之谨，有所不足，不敢不勉；有余不敢尽。言顾行，行顾言，君子胡不慥慥尔！”

④而患不及：而担心做不到。患，担心。

【译文】

天道有春生、夏长、秋收、冬藏的规律，地利有各种不同程度可获取的资源，老百姓要善于利用这种天道地利的变化。要谨慎照顾自己的身体，精心开支以节约一切不必要的浪费，以供养自己的父母。这便是庶人应行的孝道。

所以，上至天子，一直到庶人，虽有五等尊卑，但应尽的孝道，却无终始贵贱的差别，若有人忧虑做不到，那是绝对不可能的。

三才[1]章第七

【原文】

曾子曰：甚哉[2]！孝之大也。

子曰：夫孝，天之经[3]也，地之义[4]也，民之行也[5]。天地之经而民是则之[6]，则天之明[7]、因地之利[8]，以顺天下[9]，是以其教不肃而成[10]，其政不严而治。

先王见教之可以化民也[11]，是故先之以博爱而民莫遗其亲[12]，陈之以德义而民兴行[13]，先之以敬让而民不争[14]，导之以礼乐而民和睦[15]，示之以好恶而民知禁[16]。

《诗》云："赫赫师尹，民具尔瞻。[17]"

【注释】

①三才：指天地人。《正义》："天地谓之二仪，兼人谓之三才。"《易·说卦》："立天之道曰阴与阳，并地之道曰柔与刚，立人之道曰仁与义，兼三才而两之。"

②甚哉：甚，很，非常；哉，语气词，表示感叹。

③天之经：《白虎通·五经篇》："经，常也。"《汉书·五行志》："礼，王之大经也。"颜注："经，谓当法也。"天之经，盖谓天下之常法。《大戴礼·曾子·大孝篇》："夫孝，天下之大经也。"

④地之义：《淮南子·缪称篇》："义者，比于人心而合于众适者也。"吕览曰："义也者，万事之纪也。言事事适合于众也。故曰地之义也。"

⑤民之行也：《尔雅·释宫》："行，道也。"《汉书·杜周传》："孝，人行之所先也。"民之行，意思是民所履之道。《左传·昭公二十五年传》

云：子大叔见赵简子，简子曰："敢问何谓礼？"对曰："吉也闻诸先大夫子产曰：'夫礼，天之经也，地之义也，民之行也。'天地之经，而民实则之，则天之明，因地之性。"简子赞曰："甚哉！礼之大也。"

⑥天地之经而民是则之：郑注："天有四时，地有高下。民居其间，当是而则之。"《尔雅·释诂》："则，法也。"则，动词，效法。是则之，意思是把这作为法则。

⑦则天之明：《荀子·劝学篇》："天见其明。"杨注："明谓日月，盖日月流行，以定四时。"

⑧因地之利：《说文》："因，就也，以口以人。"因地之利，意思是就各地之利而利之。因，凭依。

⑨以顺天下：郑注："以，用也。用天四时地利，顺治天下，民皆乐之。"按管子曰："顺民之经。"又曰："政之所兴，在顺民心。"又曰："下令于流水之原者，令顺民心也。"

⑩是以其教不肃而成：是以，因此。肃，严厉。这句话的意思是说教化虽然并不严厉，但却能收到显著的效果。

⑪先王见教之可以化民也：《白虎通·三教篇》："教者，何谓也？教者，效也。上为之，下效之。民有质朴，不教不成。"孟子曰："大而化之谓圣。"又曰："夫君子所过者化。"又曰："有如时雨化之者。"赵岐注："化，教之渐渍沾洽也。"《荀子·不苟篇》："神则能化矣。"杨倞注："化，谓迁善也。"化，教行也。化民，变其本然之质而日迁于善，日进于德而不知。

⑫先之以博爱而民莫遗其亲：韩愈云："博爱之谓仁。"《论语·学而篇》："泛爱众，而亲仁。"《礼记·大学篇》："尧舜率天下以仁，而民从之。"又《祭义篇》："而老穷不遗。"《释文》："遗，弃忘也。"民莫遗其亲，意思是说人民受到先王德教的感应，就没有人遗弃父母。

⑬陈之以德义而民兴行：陈，施行，宣扬。《论语》："上好义，则民莫敢不服也。"《汉书·刘向传》："颜注，陈，施也。"陈之以德义者，意思是说施之以德义也。

⑭先之以敬让而民不争：郑注："若文王敬让于朝，虞芮推畔于野。

上行之，则下效法之。”《礼记·乡饮酒义章》：“先礼而后财，则民作敬让而不争矣。”又《聘义篇》：“以圭璋聘，重礼之义也；已聘而还圭璋，此轻财而重礼也。诸侯相厉以轻财重礼，则民作让矣。”

⑮导之以礼乐而民和睦：导，倡导。礼，规定社会行为的规范。乐，音乐。《论语·子路篇》：“上好礼，则民莫敢不敬。”《礼记·文王世子篇》：“凡三王教世子必以礼乐。乐，所以修内也；礼，所以修外也。礼乐交错于中，发形于外，是故其成也怿，恭敬而温文。”《礼记·乐记篇》：“礼节民心，乐和民声，政以行之，刑以防之。礼乐刑政，四达而不悖，则王道备矣。”又云：“故礼以道其志，乐以和其乐，政以一其行，刑以防其奸。”又云：“乐至则无怨，礼至则不争。揖让而治天下者，礼乐之谓也。暴民不作，诸侯实服。兵革不试，五刑不用，百姓无患，天子不怒，如此，则乐达矣。合父子之亲，明长幼之序，以敬四海之内，天子如此，则礼行矣。”又云：“故乐行而伦清，耳目聪明，血气和平，移风易俗，天下皆宁。”又云：“是故乐在宗庙之中，君臣上下同听之则莫不和敬；在族长乡里之中，长幼同听之则莫不和顺；在闺门之内，父子兄弟同听之则莫不和亲。”

⑯示之以好恶而民知禁：好，美好的。恶，丑恶的。郑注：“善者赏之，恶者罚之。民知禁，莫敢为非也。”《大学·释齐家治国章》：“其所令反其所好，而民不从。是故君子有诸己，而后求诸人；无诸己而后非诸人。”《礼记·乐记篇》：“是故先王之制礼乐也，非以极口腹耳目之欲也，将以教民平好恶而反人道之正也。”又云：“礼义立，则贵贱等矣；乐文同，则上下和矣；好恶著，则贤不肖别矣；刑禁暴，爵举贤，则政均矣”，又《缁衣篇》：“上人疑则百姓惑。下难知则君长劳。故君民者，章好以示民俗，慎恶以御民之淫，则民不惑矣。”

⑰赫赫师尹，民具尔瞻：《礼记·大学篇》：“节彼南山，惟石严严。赫赫师尹，民具尔瞻。”郑注：“师尹，天子之大臣为政者也。”诗笺云：“师，大师，周之三公也。师尹，即周之太师尹氏。故诗曰：‘尹氏太师，为周之氏。’”《汉书·董仲舒传》：“赫赫师尹。”颜师古注：“赫赫，显盛也。”《尔雅·释诂》：“瞻，视也。”民具尔瞻，意思是人民瞻视汝

所为。

【译文】

曾子赞叹地说：孝道确实伟大啊。

孔子说：孝道，就好像日、月、星辰运行于天永恒不变，就好像春、夏、秋、冬四时循环于地历久不易，是人们效法的法则。人生天地间，应效法天、地那恒久不变的节候，以孝为一切行为的准则。能效法天道的运行，善用大地的生产，就足以顺遂天下百姓的心。因此，以天地的真理教化百姓不须严厉执行就能获得成效，以天地的真理治理百姓不须严厉执行就可获得大治。

先王看见大自然具有如此教化人民的功能，于是自己就以身作则，率先施行博爱，人民受到先王德教的感应，就没有人遗弃父母；陈述宣扬道德和仁义的事迹，人民受到感动，就欢欣地遵行；率先施行恭敬与谦让，人民就不再有纷争；以礼义和音乐教导百姓，百姓皆能和睦相处；为政赏罚分明，百姓都了解禁令而不触犯国法。

《诗经·小雅》上说："周朝那声誉显赫的尹太师，深受百姓的瞻仰。"

九重岩
文軍山
塔院

孝治章第八

【原文】

子曰：昔者明王之以孝治天下也，不敢遗[①]小国之臣，而况于公、侯、伯、子、男乎？故得万国[②]之欢心[③]，以事其先王。

治国者[④]不敢侮于鳏寡[⑤]，而况于士民[⑥]乎？故得百姓之欢心，以事其先君。

治家者不敢失于臣妾，而况于妻子乎[⑦]？故得人之欢心，以事其亲。

夫然，故生则亲安之，祭则鬼享之[⑧]，是以天下和平，灾害不生，祸乱不作[⑨]，故明王之以孝治天下也如此。

《诗》云："有觉德行，四国顺之[⑩]。"

【注释】

①遗：遗弃、遗忘、失礼之意。

②万国：指四方各诸侯国。唐玄宗曰："万国，举其多也。"

③欢心：爱护、拥护之心。司马光曰："莫不得所欲，故皆有欢心以事其先王，孝孰大焉？"范祖禹曰："上以礼待下，下以礼事上，而爱敬生焉。爱敬所以得天下之欢心也。"

④治国者：指天子所分封的诸侯。郑注："治国者，诸侯也。"

⑤鳏寡：《孟子·梁惠王篇》："老而无妻曰鳏，老而无夫曰寡。"郑注："丈夫六十无妻曰鳏，妇人五十无夫曰寡。"《礼记·王制篇》："少而无父者谓之孤，老而无子者谓之独，老而无妻者谓之鳏，老而无夫者谓之寡。此四者，天民之穷而无告者也，皆有常饩。"

⑥士民：指士绅和平民。

⑦治家者不敢失于臣妾，而况于妻子乎：治家者，指受禄养亲的卿

大夫。《周礼·师氏职》："掌国中失之事。"郑注："失，失礼者也。"臣妾，指家之贱者，犹今男女仆役。《周礼·太宰职》郑注："臣妾，男女贫贱之称。"《曾子·立事篇》："赐与其宫室，亦犹庆赏于国也；忿怒其臣妾，亦犹用刑罚于万民也。是故为善必自内始也，内人怨之，虽外人不能立也。"《礼记·哀公问》："昔三代明王之政，必敬其妻子也，有道。妻也者，亲之主也，敢不敬与？"

⑧夫然，故生则亲安之，祭则鬼享之：夫然，如此。夫，发语词。《礼记·祭义篇》："君子生则敬养，死则敬享，思终身弗辱也。"《曾子·本孝篇》："故孝子之于亲也，生则有义以辅之，死则哀以莅焉，祭祀则莅之以敬，如此而成于孝子也。"《礼记·祭统篇》："祭者，所以追养继孝也。……是故孝子之事亲也，有三道焉；生则养，没则丧，丧毕则祭。"

⑨天下和平，灾害不生，祸乱不作：郑注："上下无怨故和平，风雨顺时，百谷成熟，故灾害不生。君惠，臣忠，父慈，子孝，是以祸乱无缘得起也。"天违反时令为灾，即风雨不节。地违反常理为妖，妖即害物，谓水旱伤禾稼也。逢殃为祸，臣下反逆为乱也。

⑩有觉德行，四国顺之：《广雅·释诂》："觉，大也。"

【译文】

孔子说：古代圣贤的帝王都依靠遵行孝道治理天下。对于小国派遣来的使臣都能以礼相待，何况是对公、侯、伯、子、男等诸侯呢？因此，以孝道治理天下的圣明天子，必能深得众臣民的欢心和拥戴，臣民必依各人的职位来协助天子祭祀历代先王，追思先王的德政。

身为受天子分封的诸侯，以孝道治理国家，尚不敢欺骗侮辱鳏夫、寡妇，何况对士绅和平民呢？所以，能深得百姓的欢心和敬仰，百姓也必定恭敬地协助诸侯祭祀祖先。

受禄养亲的卿大夫，以孝道治家，尚不敢失礼于家中的男仆女婢，何况是对自己的妻子儿女呢？所以，能深得家人的欢心和爱戴，家人也必心悦诚服地侍奉卿大夫的父母亲。因此，身为天子、诸侯、卿大夫，若都能遵行孝道，那他们的父母在活着的时候，也就能安心地享受他们的奉养；死后，也能享受他们的祭祀。因此，人人和睦相处，天下太平，灾害、祸乱也就无从发生了。是因为圣明的帝王以孝道治理天下，才能如此。

《诗经·大雅》上说：“天子若具有以孝治天下这种崇高的德行，四方各国必定顺从他的教化。”

圣治章第九

【原文】

曾子曰：敢[①]问圣人之德，无以加于孝乎[②]？

子曰：天地之性人为贵[③]。人之行莫大于孝，孝莫大于严父[④]，严父莫大于配天，则周公其人也[⑤]。

昔者周公郊祀[⑥]后稷[⑦]以配天，宗祀文王于明堂以配上帝[⑧]，是以四海之内各以其职来祭。夫圣人之德又何以[⑨]加于孝乎？

故亲生之膝下，以养父母日严[⑩]。圣人因严以教敬，因亲以教爱[⑪]。圣人之教不肃而成[⑫]，其政不严而治，其所因者本也[⑬]。

父子之道，天性也，君臣之义也。父母生之，续莫大焉[⑭]；君亲临之，厚莫重焉[⑮]。

故不爱其亲而爱他人者，谓之悖德[⑯]；不敬其亲而敬他人者，谓之悖礼[⑰]。以顺则逆，民无则焉[⑱]，不在于善而皆在于凶德[⑲]，虽得之，君子不贵也[⑳]。

君子则不然[㉑]，言思可道[㉒]，行思可乐[㉓]，德义可尊，作事可法[㉔]，容止可观[㉕]，进退可度[㉖]。以临其民[㉗]，是以其民畏而爱之，则而象之[㉘]，故能成其德教而行其政令。

《诗》云："淑人君子，其仪不忒[㉙]。"

【注释】

①敢：与人对语自言冒昧，表敬副词。可译为大胆地，冒昧地。

②无以加于孝乎：没有比孝道更好的吗？《吕氏春秋·离俗篇》："有可以加矣。"《长利篇》："不可以加矣。"高注："加，上也。"

③天地之性人为贵：天地间有生命之物，最为贵重的是人。《尚书》：

“惟天地万物父母，惟人万物之灵。”《淮南子·精神训》：“天下之所养性也。”又《主术训》：“近者安其性。”高注：“性，生也。”《礼记·礼运篇》：“故人者，其天地之德，阴阳之交，鬼神之会，五行之秀气也。”又云：“故人者，天地之心也，五行之端也，食味别声被色而生者也。”又云：“天之所生，地之所养，无人为大。”

④人之行莫大于孝，孝莫大于严父：莫，没有什么。严，尊敬。按古代说法，万物始于天，人伦始于父。所以对父，应像对天一样尊敬。《后汉书·江革传》：“夫孝者，百行之冠，众善之始也。”《汉书·杜周传》：“孝，人行所先也。”《大戴礼·曾子·大孝篇》：“夫孝，置之而塞于天地，溥之而横乎四海，施诸后世而无朝夕，推而放诸东海而准，推而放诸西海而准，推而放诸南海而准，推而放诸北海而准。”郑注：“孝，德之本也。”《孟子·万章篇》：“孝子之至，莫大乎尊亲，尊亲之至，莫大乎以天下养。为天子父，尊之至也，以天下养，养之至也。”

⑤严父莫大于配天，则周公其人也：配天，指祭天而以先祖配之也。《诗·周颂·思文》：“思文后稷，克配彼天。”陈奂《诗毛氏传疏》：“凡禘、郊、祖、宗四者，皆天子配天之祭。”贺长龄曰：“严父配天，是敬之极，即孝之极。虽畎亩之中，有事父如事天，则有严父配天意象，不必帝王备礼，始能尊其父也。”郑注：“尊严其父，配食天者，周公为之。故此独举周公一人者，以当代言之耳。周公名旦，文王之子，武王之弟也。”

⑥郊祀：古代祭祀天地在郊外。《汉书·郊祀志》：“故郊祀社稷，所从来尚矣。”又：“成帝即位，丞相御史奏曰：‘帝王之事，莫大于承天；承天之序，莫大于郊祀。’”

⑦后稷：周朝的始祖。传说当尧之时，其母姜嫄，践踏了巨人之足迹而有妊娠，生子以为不吉祥，弃之在隘巷，牛马不践踏他；取置冰上，飞鸟用翅膀护着他；于是又将他抱回来，取名曰之弃。等他长大成人后，尧使居稷官，封于邰，号曰后稷。子孙历代任其官，十五传而至周武王，遂有天下。

⑧宗祀文王于明堂以配上帝：《礼记·乐记篇》：“祀乎明堂，而民知孝。”按，明堂亦称清庙。《清庙》诗序云：“祀文王也。”《礼记·明堂

位篇》："昔者周公朝诸侯于明堂之位，天子负斧依南乡而立。……明堂也者。明诸侯之尊卑也。"明堂为专祀文王处，故云宗祀。上帝，天帝。

⑨何以：以何，凭什么。

⑩故亲生之膝下，以养父母日严：膝下，指人幼年时常依于父母膝旁，此处指孩提时代。《孟子·尽心篇》："人之所不学而能者，其良能也；所不虑而知者，其良知也。孩提之童，无不知爱其亲者；及其长也，无不知敬其兄也。亲亲，仁也；敬长，义也。无他，达之天下也。"《礼记·曲礼篇》："幼子常视无诳，童不衣裘裳。立必正方，不倾听。长者与之提携，则两手奉长者之手。负剑辟卬诏之，则掩口而对。"《礼记·祭义篇》："君子生则敬养。"又曰："君子反古复始，不忘其所由生也，是以致其敬，发其情，竭力从事，以报其亲，而不敢弗尽也。"

⑪圣人因严以教敬，因亲以教爱：司马光曰："严亲者，因心自然；恭敬者，约之以礼。"唐玄宗曰："圣人因其亲严之心，敦以爱敬之教，故出以就傅，趋而过庭，以教敬也；抑搔养痛，悬衾箧枕，以教爱也。盖爱敬二字，为孝治之本。故先王以此设教，而使万民皆相爱敬也。"

⑫圣人之教不肃而成，其政不严而治：唐玄宗曰："圣人顺群心以行爱敬，制礼则以施政教，亦不待严肃而成理也。"此句的意思是圣人的教化虽然并不严厉但却很有成效，圣人的政令虽然并不苛刻但却能使天下太平。

⑬其所因者本也：本，这里指的是孝道，因其为孝道的根本。司马光曰："本，天性也。"又郑注："本者，孝也。"《论语·学而篇》："君子教本，本立而道生。孝悌也者，其为人之本与！"《中庸》："唯天下至诚，为能经纶天下之大经，立天下之大本，知天地之化育。"《曾子·本孝篇》："忠者，其孝之本与！"

⑭父母生之，续莫大焉：续，传宗接代。焉，代词，这。《尔雅·释诂》："续，继也。"《淮南子·修务训》："教顺施续。"注："续，犹传也。"《易·家人彖》："家人，有严君焉，父母之谓也。"这句的意思是父母生养我们，我们又生子传孙，没有比传宗接代更重要的了。

⑮君亲临之，厚莫重焉：意思是君王对臣，好比严父对子女，没有

比这更厚重的恩惠。

⑯悖德：悖，违背。悖德，即违背道德。

⑰悖礼：违背礼仪。

⑱以顺则逆，民无则焉：一作“以顺为逆，民无则焉”、“以顺，民则；逆，民无则焉”、“以顺而逆，民无则焉。”则，法则，榜样。

⑲凶德：一种丑恶的品德。古语中将盗、贼、奸视为“凶德”，孝、敬、忠、信为“吉德”。

⑳虽得之，君子不贵也：虽，即使。贵，重视。

㉑君子则不然：不然，不是这样的。然，如此。

㉒言思可道：郑注：“言中诗书，故可传道也。”这句的意思是君子所说的每一句话都要考虑是否能得到别人的称道。

㉓行思可乐：郑注：“动中规矩，故可乐也。”《中庸》第三十一章：“唯天下至圣，为能聪明睿知。见而民莫不敬，言而民莫不信，行而民莫不说。”《曾子·立事篇》：“身言之后人扬之，身行之后人秉之。”又云：“人信其言，从之以行；人信其行，从之以复。”这句话的意思是君子所做的每一件事都要考虑到能否使人感到喜悦。

㉔作事可法：唐玄宗曰：“制作事业，动得物宜，则可法也。”这句话的意思是君子所建立的事业要使人能够效法。

㉕容止可观：容止，容貌和举止。这句话的意思是君子的容貌和举止要使人能够仰望。

㉖进退有度：《史记·称禹》：“身为度。”度，法也。郑注：“难进而尽忠，易退而补过。进退均有所宜，故有度也。”《论语·泰伯篇》：“君子所贵乎道者三：动容貌，斯远暴慢矣；正颜色，斯可信矣；出辞气，斯远鄙倍矣。”《中庸》：“礼仪三百，威仪三千，待其人而后行。”《诗·大雅》：“敬慎威仪，惟民之则。”这句话的意思是君子的一进一退都能经得起人们的推敲。

㉗以临其民：临，统治。这句话意思是用这样的办法来统治他的臣民。

㉘是以其民畏而爱之，则而象之：象，模仿，效法。《左传》：“有威

而可畏谓之威，有仪而可象谓之仪。君有君之威仪，其臣畏而爱之，则而象之。”又云：“故君子在位可畏，施舍可爱，进退可度，周旋可则，容止可观，作事可法，德行可象，声气可乐，动作有文，言语有章，以临其民，谓之有威仪也。”这句话的意思是因此他的百姓既敬畏他，又拥戴他，并处处效法他模仿他。

㉙淑人君子，其仪不忒：淑人，有德行的人，淑，善良。《诗·燕燕》：“终温且惠，淑慎其身。”郑注：“淑，善也。”仪，是说人的规矩礼貌。忒，差也。《易·象上传》：“观天之道，而四时不忒。”这句话的意思是善良的君子，他的威仪礼节不会有差错。

【译文】

曾子说：我很冒昧地请教您，圣人的德行难道没有比孝道更伟大的？

孔子说：虽然天地间的万物都具有各自的本性，但其中只以人秉有的本性最为尊贵。人的一切行为没有比孝亲更伟大的了。而在所有的孝行中，没有比尊崇和爱戴自己的父亲更为重要的。而尊崇和爱戴父亲，没有比在举行祭祀时以父亲配享天帝更为重要的。自古以来，能以父亲配享天帝的，就只有周公一个人做到了。

从前，周公在举行郊祀时，以自己的始祖后稷来配享天帝；在明堂祭祀时，以父亲文王配享天帝。因此，每逢祭祀的时候，天下的诸侯，依各人的职位，都来参与祭祀。所以说，圣人的德行又哪有比孝道更伟大的呢？

人在刚一出生的时候，就懂得亲近父母，后来在父母的培养和教育下，知晓奉养父母、尊严父母。圣人就是因为看到世人能从小尊严父母，就教导众人敬亲的道理；看到世人能从小对父母很亲近，就教导众人爱亲的道理。所以，圣人的教化不须用严肃的方法就能取得显著的成效，圣人的政令不须用严厉的方法就能将天下治理完善。为何圣人能如此顺利呢？这全都归功于他懂得人的天性中孝是一切的根本。

父亲培养、教育儿子，儿子奉养、尊敬父亲，这是一种人类自然的天性，其中更包含着君爱臣子、臣子敬君这样一种天赋的义理，因为奉养父亲能够尽孝，侍君才能尽忠。父母生育我们，我们生子传孙，使血脉得以相连属，没有比这传宗接代更为重要的了。君王对臣，好比严父教养子女，没有比这样的恩惠更厚重的了。

所以，作为人子不爱自己的父母，而去爱他人的父母，这就叫作悖德；作为人子不尊敬自己的父母，而去尊敬他人的父母，这就叫作悖礼。如果认为这样的行为是正确的，那就错了，人民就无从效法了。因此，如果一个人的行为不依照善德行事，而都表现在凶德上，即使一时侥幸得到崇高的地位，但真正有才德的君子不会认为这种地位是可贵的。

君子和一般悖乱的小人是不一样的。君子所说的每一句话，都先思量能否获得人家的称赞；君子所做的每一件事，都先思量能否获得人家的喜悦；君子的立德行义，都能为人尊敬；君子的事业作为，都能为人效法；君子的容貌举止，都能为人仰望；君子的一进一退，都能为人度量。君子就是以上述的六件事来统治他的人民，因而人民既敬服他又拥戴他，并处处效法和模仿他。因此，君子能轻易地完成他的德教，很顺利地推行他的政令。

《诗经·曹风》上说："一个善良有德行的君子，他的威仪一点儿也没有差错。"

纪孝行章第十

【原文】

子曰：孝子之事亲也，居则致其敬①，养则致其乐②，病则致其忧③，丧则致其哀④，祭则致其严⑤。五者备矣，然后能事亲。事亲者居上不骄，为下不乱，在丑不争⑥。居上而骄则亡，为下而乱则刑，在丑而争则兵。三者不除，虽日用三牲之养⑦，犹为不孝也。

【注释】

①孝子之事亲也，居则致其敬：居，日常的家庭生活。致，尽、极的意思。《曾子·立孝篇》："君子之孝也，尽力而有礼，庄敬而安之。"《礼记·坊记篇》："小人皆能养其亲，君子不敬何以辨？"《礼记·内则》："出入或先或后，而敬扶持。问所欲而敬进之，柔色以温之。有命之，应唯，敬对，皆于平居尽其子职而至于其极也。"这句话的意思是作为一个孝子在日常的起居生活中，要用最敬重的心侍奉父母。

②养则致其乐：郑注："竭欢心以事其亲。"据《礼记·内则》载，曾子云："孝子之养老也，乐其心，不违其志，乐其耳目，安其寝居，以其饮食忠养之。"

《曾子·有疾篇》："故人之生也，百岁之中，有疾病焉。有老幼焉，故君子思其不复者，而先施焉。亲戚既没，虽欲孝，谁为孝？"这句话的意思是孝子要用最愉悦的心情去服侍自己的父母。

③病则致其忧：《论语》："孟武伯问孝，子曰：'父母唯其疾之忧。'"《礼记·文王世子篇》："文王之为世子，朝于王季，日三……其有不安节，则内竖以告文王，文王色忧，行不能正履……武王帅而行之，不敢有加焉。文王有疾，武王不脱冠带而养。"

《礼记·曲礼篇》："父母有疾，冠者不栉，行不翔，言不惰，琴瑟不御，食肉不至变味，饮酒不至变貌，笑不至矧，怒不至詈，疾止复故。"又云："君有疾，饮药，臣先尝之。亲有疾，饮药，子先尝之。医不三世，不服其药。"这句话的意思是孝子在父母生病的时候要用最忧虑的心情去照料他们。

④丧则致其哀：丧，死亡。郑注："擗踊哭泣，尽其哀情。"《礼记·檀弓篇》："丧礼，哀戚之至也。"又云："辟踊，哀之至也。"又云："反哭之吊也，哀之至也。"又《三年问篇》："三年者，称情而立文，所以为至痛极也。斩衰苴杖，居倚庐，食粥，寝苫枕块，所以为至痛饰也。"《论语·子张篇》：子游曰："丧致乎哀而止。"又《阳货篇》："夫君子之居丧，食旨不甘，闻乐不乐，居处不安。"又云："夫三年之丧，天下之通丧也。"又《述而篇》："子食于有丧者之侧，未尝饱也。子于是日哭，则不歌。"《曾子·大孝篇》："父母既殁，以哀祀之。"又《本孝篇》："死则哀以莅焉。"又《立事篇》："居哀而观其贞也。"这句话的意思是孝子在父母去世时要用最伤痛的心情来料理丧事。

⑤祭则致其严：祭，指用仪式来对死者表示悼念或敬意。《论语·八佾篇》："祭神如神在。"又《为政篇》："死，祭之以礼。"《公羊传》桓八年："君子之祭也，敬而不黩。"《礼祀·祭义篇》："孝子之祭也，尽其悫而悫焉，尽其信而信焉，尽其礼而不过失焉，进退必敬，如亲听命，则或使之也。"《中庸》第十九章："事死如事生，事亡如事存，孝之至也。"这句话的意思是孝子在祭祀自己的父母时要用最严肃的态度来追思他们。

⑥居上不骄，为下不乱，在丑不争：丑，类，同类。《论语·学而篇》：有子曰："其为人也孝悌，而好犯上者鲜矣。不好犯上而好作乱者，未之有也。"《大学·释治国平天下章》："上老老而民兴孝，上长长而民兴悌，上恤孤而民不倍。"《中庸》第二十七章："居上不骄，为下不倍。"《曾子·立事篇》："庶人旦旦思其事，战战惟恐刑罚之至也。"《礼记·曲礼篇》："凡为人子之礼，冬温而夏凉，昏定而晨省，在丑夷不争。"唐玄宗曰："居上不骄，当庄敬以临下；为下不乱，当恭谨以奉上；在丑不争，当和顺以从众。"

⑦三牲之养：三牲，指牛、羊、猪。三牲之养，即用佳餐美味，供

养父母之意。

【译文】

孔子说：作为一个孝子在日常的起居生活中要以最诚恳而恭敬的心情去周到地照顾父母；奉养时，要以最和悦的心情任劳任怨地服侍父母；父母生病时，要以最忧虑的心情照料父母；父母过世时，要以最哀痛的心情来料理后事；举行祭祀时，要以最严肃的态度来追思父母。以上所说的五个方面都能做到，才称得上是能侍奉双亲的孝子。侍奉双亲的孝子，身居高官厚禄的位置上也要谦虚而不敢骄傲自大；地位低下之时也不敢悖乱违法为非作歹；在人群中不与人发生争斗、计较。身居高位的，要是因此骄傲自大，必定会招惹祸端导致身亡；身居下位的，要是悖乱违法为非作歹，必定会受到刑罚制裁而使父母受到牵连；在人群中，要是与人争斗、计较，必定难免大动干戈。这三种不除去，即使每天用三牲供养父母，仍然不能算是一个孝子。

广要道[1]章第十二

【原文】

子曰：教民亲爱[2]莫善于孝，教民礼顺莫善于悌[3]，移风易俗莫善于乐[4]，安上治民莫善于礼[5]。

礼者敬而已矣[6]，故敬其父则子悦[7]，敬其兄则弟悦，敬其君则臣悦，敬一人而千万人悦。

所敬者寡而悦者众，此之谓要道也[8]。

【注释】

①广要道：从大的范围来说明孝道。

②教民亲爱：司马光曰："亲爱谓和睦。"教民亲爱，意思是用亲善仁爱的道德去教育民众。

③教民礼顺莫善于悌：顺，顺序，这里指长幼之序。悌，敬事兄长，尊敬长上。荀子曰："礼者，人之所履也。"又曰："礼者，法之大分，群类之纲纪也。"《论语·学而篇》："孝悌也者，其为仁之本与！"又云："弟子入则孝，出则悌。"《大学·释治国平天下章》："上老老而民兴孝，上长长而民兴悌。"《礼记·祭义篇》："立爱自亲始，教民睦也；立敬自长始，教民顺也。教以慈睦，而民贵有亲；教以敬长，而民贵用命。教以事亲，顺以听命，错诸天下，无所不行。"《尚书·伊训篇》："立爱惟亲，立敬惟长，始于家邦，终于四海。"这句话的意思是教导百姓懂得长幼之序，没有比用敬事兄长的悌道更好的办法了。

④移风易俗莫善于乐：移风易俗，指改变社会风气和习俗。乐，指音乐。郑注："夫乐者，感人情者也。乐正则心正，乐淫则心淫也。"《礼记·乐记篇》："乐者，音之所由生也。其本在人心之感于物也。"又云：

"是故先王之制礼乐也，非以极口腹耳目之欲也，将以教民平好恶而反人道之正也。"又云："乐由中出，礼自外作。乐由中出，故静；礼自外作，故文。大乐必易，大礼必简。乐至则无怨，礼至则不争。揖让而治天下者，礼乐之谓也。暴民不作，诸侯宾服，兵革不试，五刑不用，百姓无患，天子不怒，如此则乐达矣。"又云："乐也者，圣人之所乐也，而可以善民心。其感人深，其移风易俗，故先王著其效焉。"又云："故乐行而伦清，耳目聪明，血气和平，移风易俗，天下皆宁。"这句话的意思是要想改革民情风俗，没有比用音乐更好的办法了。

⑤安上治民莫善于礼：易之履曰："君子以办上下，定民志。故礼者，经纶天下之大经，立天下之大本也。"《荀子·修身篇》："故人无礼则不生，事无礼则不成，国家无礼则不宁。"《论语·宪问篇》："上好礼，则民易使也。"《礼记·礼运篇》："故圣人所以治人七情，修十义，讲信修睦，尚辞让，去争夺，舍礼何以治之?"《经解篇》："是故，隆礼由礼，谓之有方之士；不隆礼不由礼，谓之无方之民，敬让之道也。故以奉宗庙则敬，以入朝廷则贵贱有位，以处室家则父子亲兄弟和，以处乡里则长幼有序。孔子曰：'安上治民，莫善于礼。'此之谓也。"这句话的意思是让君主安心、让百姓太平，没有比用礼节更好的办法了。

⑥礼者敬而已矣：郑注："礼者，敬之本也。"《孟子·告子篇》："恭敬之心，礼也。"《荀子·劝学篇》："故学至乎礼而止矣，夫是之谓道德之极。礼之敬，文也。"这句话的意思是礼说到底就是一个"敬"字。

⑦故敬其父则子悦：悦，高兴，喜欢。这句话的意思是有人敬重自己的父亲，做儿子的一定感到喜悦。

⑧所敬者寡而悦者众，此之谓要道也：寡：少。郑注："孝悌以敬之，礼乐以化之，此谓要道也。"《论语·学而篇》："君子务本，本立而道生，孝悌也者，其为仁之本与!"这句话的意思是所敬的人少，而喜悦的人却很多，这就是所说的要道啊。

【译文】

孔子说：教化百姓和睦相处，没有比用奉养父母的孝道更好的办法了。教导百姓懂得长幼之序，没有比用尊敬兄长的悌道更好的办法了。想要改革民情风俗，没有比用音乐更好的办法了。让君王安心，使民众太平，没有比用礼节更好的办法了。

礼，诚敬而已。所以，如果有人敬爱自己的父亲，做儿子的一定感到喜悦。有人敬爱自己的兄长，做弟弟的一定感到喜悦；有人敬爱自己的君王，做臣民的一定感到喜悦。

敬爱一人，而使千万人喜悦，所敬爱的人虽少，但喜悦的人却很多，这就是所谓的要道啊！

图书在版编目(CIP)数据

人物志·孝经/(三国)刘劭等著;刘少影译注. —北京:中国工人出版社, 2016.6
(中华传统文化经典普及文库)
ISBN 978-7-5008-6472-1

Ⅰ. ①人… Ⅱ. ①刘… ②刘… Ⅲ. ①人才学-中国-三国时代 ②《人物志》-译文 ③《人物志》-注释 ④家庭道德-中国-古代 ⑤《孝经》-译文 ⑥《孝经》-注释
Ⅳ. ①C96-092②B823.1

中国版本图书馆 CIP 数据核字(2016)第 130888 号

人物志·孝经

出 版 人 芮宗金
责任编辑 杨博惠
责任校对 董春娜
责任印制 黄 丽
出版发行 中国工人出版社
地 址 北京市东城区鼓楼外大街 45 号 邮编:100120
网 址 http://www.wp-china.com
电 话 (010)62350006(总编室) (010)62005039(出版物流部)
(010)62379038(社科文艺分社)
发行热线 (010)62005049 (010)62005042(传真)
经 销 各地书店
印 刷 三河市文通印刷包装有限公司
开 本 710 毫米×1000 毫米 1/16
印 张 12
字 数 185 千字
版 次 2016 年 8 月第 1 版 2017 年 6 月第 2 次印刷
定 价 26.00 元